早稻田大学日本史

第十一卷
幕末史

〔日〕小林庄次郎 著
米彦军 译

中国出版集团公司
华文出版社

图书在版编目（CIP）数据

早稻田大学日本史. 卷十一, 幕末史 / (日) 小林庄次郎著 ; 米彦军译. -- 北京 : 华文出版社, 2020.9

（华文全球史）

ISBN 978-7-5075-5277-5

Ⅰ. ①早… Ⅱ. ①小… ②米… Ⅲ. ①日本—古代史 Ⅳ. ①K313.2

中国版本图书馆CIP数据核字(2020)第149747号

早稻田大学日本史（卷十一）：幕末史

作　　者：	[日] 小林庄次郎
译　　者：	米彦军
选题策划：	盛世
插图供应：	18629596618
责任编辑：	戴明敏　楼淑敏
出版发行：	华文出版社
社　　址：	北京市西城区广外大街305号8区2号楼
邮政编码：	100055
网　　址：	http://www.hwcbs.com.cn
电　　话：	总编室010—58336239
	发行部010—58336212
经　　销：	新华书店
印　　刷：	三河市国英印务有限公司
开　　本：	710×1000　1/16
印　　张：	15.5
字　　数：	220千字
版　　次：	2020年9月第1版
印　　次：	2020年9月第1次印刷
标准书号：	ISBN 978-7-5075-5277-5
定　　价：	60.00元

版权所有　侵权必究

出版前言

随着中国开放的大门越开越大,关注世界各国尤其是西方国家文明的源流、发展和未来已经成为当下世界史研究的一个热点。为了成系统地推出一套强调"史源性"且在现有世界史出版物中具有拾遗补阙价值的作品,我们经过认真论证,推出了"华文全球史"系列,首次出版约一百个品种。

"华文全球史"系列从书目选择到译者的确定,从书稿中图片的采用到人名地名的规范,都有比较严格的遴选规定、编审要求和成稿检查,目的就是要奉献给读者一套具有学术性、权威性和高质量的世界史系列图书。

书目的选择。本系列图书重视世界史学科建设,视角宽阔,层级明晰,数量均衡,有所突出。计划出版的"华文全球史"中,既有通史,也有专题史,还有回忆录,基本上是世界历史著作中的上乘之作,填补了国内同类作品出版的空白。

人名地名规范。本系列图书中人名地名,翻译规范,重视专业性。在人名翻译方面,我们坚持"姓名皆全"的原则,加大考据力度,从而实现了有姓必有名,有名必有姓,方便了读者的使用。在注释方面,书中既有原书注,完整地保留了原著中的注释;也有译者注,体现了译者的研究性成果。

书中的插图。本系列图书的一个重要特点是书中都有功能性插图,这些插图全方位、多层次、宽视角反映当时重大历史事件,或与事件的场景密切相关,涉及政治、军事、经济、社会、外交、人物、地理、民俗、生活等方面的绘画作品与摄影作品。功能性插图与文字结合，赋予文字视觉的艺术，丰富了文字的内涵。

译者的确定。本系列图书的翻译主要凭借的是一个以大学教师为主的翻译团队，团队中不乏知名教授和相关领域的资深人士。他们治学严谨，译笔优美，为确保质量奉献良多。

"华文全球史"系列作为一套具有较高学术价值的优秀的世界历史丛书，对增加读者的知识，开阔读者的视野，具有积极的意义。同时要看到，一方面很多西方历史学家的观点符合事实，另一方面不少西方历史学家的观点是错误的，对于这些，我们希望读者不要不加分析地全盘接受或全盘否定，而是要批判地吸收外国文化中有益的东西。

华文出版社
2019年8月

出版要旨

日本坊间流行的日本史书种类很多，数量很大，堪称汗牛充栋。然而，其中很多史书是教科书，读起来索然寡味。此外，还有各种各样的人物传记、年代记、稗史、杂书。严格来讲，这些书算不上真正的史书。因此，可以说时至今日，还没有一套真正的日本史书。

近年来，人类学、语言学、心理学、地理学发展很快，日新月异，而且研究成果很多。这大大推进了历史学的发展。不仅如此，通过利用多学科知识，调查和分析史料，史学家们发现在此之前的日本史书中有诸多谬误。上古的日本史与神话混为一谈。中古以后的日本历史则和小说混为一谈。甄别哪些是信史、哪些是伪造的历史是很困难的。不光日本历史这样，外国的历史也是这样。《古事记》和《日本书纪》都是这样。

《古事记》《日本书纪》问世之后，日本史学家也编纂了很多史书。这些史书既有信史，也有伪史，可以说鱼龙混杂。《大日本史》是一套大部头史书，但仔细阅读这套史书可以发现，其中混杂了很多稗史的内容。综上所述，不难发现，日本史学界亟需一套更好、更完善的日本史书问世。

近年来，科学取得了长足的进步。史学家不会允许真伪难辨的历史永远存在下去，必定要搞个水落石出。他们必然会利用科学知识，进行彻底调查和分析，去伪存真，否则不会善罢甘休。史学家会从地名、谚语、古代遗物等方面着手，发现历史的真相。

中古时期以后，日本有大量史料，这对查明历史真相大有裨益。各个领域的科学家也开始研究历史的真相。结果，学界涌现了《史海》《史学会杂志》《史学界》《语言学会杂志》《人类学会杂志》《地学学会杂志》等发表历史学论文的杂志。但这些历史学论文只是日本历史的片断而已。迄今为止，日本史学界还没有一套真正研究日本历史全貌的读物。

前些年，帝国文科大学让重野安绎、久米邦武、星野恒三位教授编纂了《国史眼》这套书。这套书比此前出版的日本史书又前进了一步。然而，这套书是作为教科书编纂的，都是很简短的小册子，读起来非常枯燥。

研究日本上下三千年历史，搞清楚日本历史的真相，是一个人无法做到的。一个人能力再高，搞清楚这些问题也要花费百年的时间。当今社会发展和科技进步日新月异，岂会白等百年时间？因此，编纂日本史的捷径是把日本国史分成几个历史阶段让各个历史阶段的专家公布其研究成果，然后合在一起，于是全套日本史就出现了。

早稻田大学经过深思熟虑，邀请相关领域的历史学家，将各自的研究成果编成历史学讲义。这些讲义获得史学界的称赞。与此同时，读者和学者都认为这些讲义未完全体现各个时代的历史全貌。

经过不懈的努力，各个时代的历史已经编纂成册，做好了发行准备，希望史学爱好者不吝赐教。现将各个时代的作者列举如下：

一、《弥生古坟时代》，作者久米邦武；

二、《飞鸟宁乐时代》，作者西村真次；

三、《奈良时代》，作者久米邦武；

四、《平安时代》，作者池田晃渊；

五、《镰仓时代》，作者三浦周行；

六、《南北朝时代》，作者久米邦武；

七、《室町时代》，作者渡边世祐；

重野安繹

八、《安土桃山时代》,作者渡边世祐;

九、《德川幕府时代》(上),作者池田晃渊;

十、《德川幕府时代》(下),作者池田晃渊;

十一、《幕末史》,作者小林庄次郎;

十二、《维新史》,作者本多辰次郎。

这套丛书的诸位作者有的在修史局担任编修;有的参加大日本史的史料整理,负责某一时代历史的史料编纂;有的在宫内省掌管着机密古文书他们知道一些鲜为人知的史料哪怕只言片语也会对史学研究大有裨益。丛书展现了很多新事实。读者也许会对此感到惊讶,会认为丛书是日本国史的"破坏者"。事实上,丛书以正确的史料为根据,通过严密的考证来论述历史问题,言之有物,有理有据,相信会在史学界大放异彩。

早稻田大学出版部

前 言

德川幕府成立以后，天下太平。征夷大将军①日夜饮宴，歌舞升平，幕府上上下下都过着悠然自得的日子。久而久之，贪图利益和享乐之风越来越盛。其实，这表面的太平盛世只不过是德川幕府覆亡前的回光返照。经过嘉永之后十五年的动荡，德川幕府土崩瓦解。原因何在？德川幕府的征夷大将军持续了十几代，在此期间纲纪有张有弛。在安政以前，三百大名②中没有一个大名敢违抗德川幕府的命令。大名们对德川幕府有很多怨言，但并未发生日本战国时期"下克上"的情况。其间，也有庶民揭竿而起的情况发生，但其目的不是推翻德川幕府的统治，而是为了惩处贪官污吏。直到德川幕府覆亡前夕，其政令在日本全国得到贯彻，即便是偏远地区的幕府官吏依然能够行使权力。然而，美国军舰来到日本之后，给德川幕府带来了很大的冲击。之后，天下政局发生变化，德川幕府的命运急转直下，幕府最终土崩瓦解，速度之快超乎世人的想象。由此可以看出，幕府官吏腐败，财政紊乱，社会风气败坏，德川幕府早已金玉其外败絮其中了。

德川幕府落到这个地步，绝非一两位征夷大将军的过错造成的。德川幕

---

① 征夷大将军，日本飞鸟、奈良时代为征讨虾夷地区而设置的临时官职。镰仓、室町、德川幕府时期，征夷大将军成为日本实际上的最高权力者，掌管军政大权。明治维新以后，这一职位被废除。——译者注（若无特殊说明，均为译者注。）
② 大名，日本封建时代对一个较大地域领主的称呼。

府末期，征夷大将军、老中①等幕府高层的确有不少失误。然而，把德川幕府的覆亡归罪于幕末的这些执政者是不公允的。执政者的举措到底是善政还是恶政，要从社会、国家发展的大势来看。身居庙堂之上处理天下大事的人尽管才能有所不同，但很少有专门为私利而执政的。由于见解和境遇不同，执政者采取的方针政策也不同。不管是善政还是恶政，都是执政者经过充分商量之后决定的。有些措施是在迫不得已的情况下采取的。这些措施的成败与是否顺应大势关系密切。另外，这些政策措施的好坏及成效如何，当时的人们未必完全清楚。当时的人们可能会因为利害关系对当时的政策措施产生偏见，只见树木不见森林。百年之后再看那些政策措施，可能会得出截然相反的结论。因此，我们在评论历史上的这些政策措施时，应该考虑到这些因素。只有这样，才能得出公允的结论。在历史学家看来，不管个人多么伟大，也不能夸大其能力。笔者认为，世人对幕末的政治家的诋毁和赞誉都有不少有失偏颇之处。国家和社会的发展都有一定的规律。一国的物力和该国的人口数量关系密切。人口不断增加会对一国的经济、社会和政治等各个层面带来很大的影响。人类的生存竞争从来没有停止过。氏族、家族、个人的盛衰兴亡都受"适者生存"这个法则支配着。接下来，笔者运用新史学理论客观地阐述幕末历史。

---

① 老中，是日本德川幕府的官职名，职位和镰仓幕府的"连署"、室町幕府的"管领"相当。老中是征夷大将军直属的官员，负责统领全国政务。

目 录

第1章 德川幕府末世的衰相 · 001
第1节 大名困窘 · 002
第2节 武士疲敝 · 006
第3节 农民阶层的衰落及市民阶层的崛起 · 009
第4节 幕府财政的混乱及政治的腐败 · 011

第2章 海外形势的发展和对日本的影响 · 013
第1节 德川家齐执政初期的海外形势 · 013
第2节 俄国对日本领土虎视眈眈 · 016
第3节 英国人针对日本采取的行动 · 020
第4节 美国人对日本采取的行动 · 030
第5节 欧美列强对琉球及小笠原群岛采取的行动 · 033

第3章 德川幕府对外政策的变化和海防论 · 037
第1节 闭关锁国的真相 · 037
第2节 德川幕府采取措施加强北部边境的国防 · 040

第3节　驱逐外国船令及荷兰的忠告 …………………………………… 044

　　第4节　闭关锁国政策开始松动 ………………………………………… 048

　　第5节　德川幕府殚精竭虑维护祖宗之法 ……………………………… 051

　　第6节　幕府重臣和水户藩藩主德川齐昭的关系 ……………………… 056

　　第7节　德川齐昭的攘夷论和与幕府重臣的关系 ……………………… 059

　　第8节　兰学家的海防论 ………………………………………………… 060

第4章　美国海军将领出使日本 ……………………………………………… 063

　　第1节　美国使节来日本的目的及荷兰向幕府预警 …………………… 063

　　第2节　美国海军将领在琉球和小笠原群岛的行动 …………………… 067

　　第3节　浦贺湾头的斗争 ………………………………………………… 068

　　第4节　幕府对美国国书的态度及日本舆论的倾向 …………………… 076

第5章　俄国使节出使日本 …………………………………………………… 083

　　第1节　俄国野心勃勃、日本受理俄使信函 …………………………… 083

　　第2节　幕府官员西下长崎 ……………………………………………… 088

　　第3节　俄国军舰离日后卷土重来 ……………………………………… 090

　　第4节　边界及通商谈判 ………………………………………………… 091

第6章　缔结友好通商条约 …………………………………………………… 097

　　第1节　日本与美国的条约 ……………………………………………… 097

　　第2节　日本和英国的协约 ……………………………………………… 104

　　第3节　《日俄和亲通好条约》的签订及边界谈判 …………………… 106

第7章　德川幕府的觉醒 ……………………………………………………… 111

　　第1节　幕府制订加强国防和军备的计划 ……………………………… 111

第 2 节　幕府加强北部边境的国防 ·········· 114

　　第 3 节　改革庶政 ·········· 115

第 8 章　政局的变化 ·········· 117

　　第 1 节　攘夷论和幕府的应对措施 ·········· 117

　　第 2 节　幕府高层的动摇 ·········· 118

第 9 章　美国公使汤森·哈里斯到日本赴任 ·········· 125

　　第 1 节　幕府讨论是否应该允许外国官吏和商人在日本居住 ·········· 125

　　第 2 节　汤森·哈里斯前往江户谒见征夷大将军 ·········· 129

　　第 3 节　大名纷纷向德川幕府提出异议 ·········· 133

第 10 章　德川幕府和欧美列强签订通商条约 ·········· 138

　　第 1 节　预警英国船的到来及幕府的决心 ·········· 138

　　第 2 节　荷兰及俄国的补充条约 ·········· 141

　　第 3 节　德川幕府和美国就通商条约进行谈判 ·········· 142

　　第 4 节　大名的建议及幕府使者上京 ·········· 152

第 11 章　征夷大将军继嗣问题 ·········· 157

　　第 1 节　一桥派的由来及其活动 ·········· 158

　　第 2 节　南纪派的由来及其活动 ·········· 164

第 12 章　朝廷和幕府的交涉 ·········· 167

　　第 1 节　嘉永安政年间幕府对朝廷的态度 ·········· 167

　　第 2 节　幕府奏请朝廷批准《日美修好通商条约》 ·········· 170

　　第 3 节　一桥派与南纪派的暗斗 ·········· 175

第13章　井伊直弼主政 ················· 181

- 第1节　井伊直弼就任大老及当时的形势 ················· 181
- 第2节　《日美修好通商条约》的签订 ················· 186
- 第3节　拥立纪伊藩藩主德川庆福及三大名蛰居 ················· 191

第14章　安政大狱 ················· 196

- 第1节　条约签订后江户和京都的局势 ················· 196
- 第2节　藩士和浪人在京都的活动 ················· 199
- 第3节　间部诠胜上京 ················· 202
- 第4节　为九条尚忠复任关白而活动 ················· 206
- 第5节　幕府奏请朝廷批准条约 ················· 209
- 第6节　间部诠胜东归和对儒生、浪人的处罚 ················· 213

第15章　樱田门外之变 ················· 216

- 第1节　奉还敕令之议 ················· 216
- 第2节　聚集长冈驿闹事 ················· 218
- 第3节　具体经过 ················· 222

第16章　幕府的外交与内政的矛盾 ················· 227

- 第1节　幕府与列强缔约及准备开放港口 ················· 227
- 第2节　对外贸易的开始及对日本经济的影响 ················· 229
- 第3节　杀伤外国人的事件频仍 ················· 231

第1章

德川幕府末世的衰相

德川氏的第十一代征夷大将军德川家齐是中兴的英主德川吉宗①的曾孙。在继任征夷大将军之后，德川家齐执政五十一年。德川家齐把征夷大将军一职让给儿子德川家庆之后，以大御所②的身份在西之丸掌握实权达三年之久。在此期间，德川家齐升任从一位太政大臣③。征夷大将军在世期间能够被任命为太政大臣，德川家齐还是第一个。德川家齐位极人臣，儿女也很多，达五十余人，但其中有三十多人夭折。德川家齐的妻妾成群，多达四十人。可见，德川家齐过着骄奢淫逸的生活。而当时生活在社会底层的人们食不果腹、衣不蔽体。无论城市还是农村，平民都因为养不起孩子，或堕胎或将孩子溺死。这一恶习令人发指。

德川家庆继任征夷大将军之后在位十七年。在荣华富贵方面，德川家庆比不过父亲德川家齐，但他执政的绝大部分时间算是太平无事，幕府上上下下都粉饰太平。然而，在德川家庆执政的最后一年，美国海军将领马休·佩里率领军舰来到浦贺，日本社会受到极大震动。德川家庆受到惊吓，一病不起。

---

① 德川吉宗，生于1684年，死于1751年，是日本德川幕府第八代征夷大将军，1716年到1745年在任。
② 大御所，古代日本对退位或隐居的亲王、摄关父亲的尊称，后来指代退位的征夷大将军或者现任征夷大将军的父亲。
③ 太政大臣，日本律令官制名，是律令制下最高官位，宰相级职务。

第1节　大名困窘

在德川幕府的历史上，最令统治者头疼的就是武士阶层的贫困问题。历代征夷大将军都想方设法救济武士阶层。武士阶层穷困是日本的通病，并非局限于几个地区的问题。征夷大将军、大名、旗本武士①、奴仆、家老②、家臣的财政状况都很糟糕。原因何在？把此完全归因于武士阶层个人的不节约、不努力是不公允的。笔者先从大名说起。

德川氏在创业之初，为了统治日本全国的大名，制定了参勤交代制度，规定大名要轮流隔年到江户执勤。德川幕府在江户赐给大名们宅院，大名的妻儿、家臣可以住在这里。实质上，德川幕府把这些人当作人质，强迫大名向幕府尽忠。德川幕府经常将大名转封到其他地方，以此作为奖惩的手段。违背德川幕府命令的大名会被转封到几百里之外的地方。参勤交代、转封导致大名的财政窘迫，加速了武士阶层的衰败。结果，日本的国力衰落，德川幕府的统治也土崩瓦解。当时，日本交通不便，运输困难，大名往返数百里乃至上千里参勤交代，旅费、负责护卫的人马的用度耗资巨大，路途奔波也很辛苦。扈从人员旅途得病也没有静养之处，往往有很多人客死他乡。太平年月，大名本来不需要太多的兵马护卫，但为了家族的体面，不能裁员，耗费巨大，加重了财政负担。《武家诸法度》严格限制了大名参勤交代时的扈从人数后，扈从人数略微有所减少。然而，参勤交代制度是德川幕府维持统治和威严的根本制度，是无法废除的。为了减轻大名的财政负担，熊泽蕃山、荻生徂徕等曾建议德川幕府减少参勤交代的次数。德川吉宗倾向于采纳这一建议，但想到参勤交代制度是祖制，不能随意变更，就没有勇气付诸实施。宽政年间的松平定信、安政文久年间的横井小楠也曾建议改革参勤交代制度，最终都不了了之。

当时，德川幕府的执政者恪守闭关锁国政策，脑海中只有与大名对立的

---

① 旗本武士，日本武士的阶层之一，在德川幕府时代指的是俸禄未满一万石，但有资格在征夷大将军出场的仪式上出现的德川将军家的直属家臣。
② 家老，日本德川幕府时代大名的重臣，由数人组成，负责大名领地内的政治、经济、军事事务。

横井小楠

观念,没有日本与外国对立的观念,无法站在日本国家的高度与全国的大名休戚与共、共同对外。德川幕府与大名明争暗斗,负面影响很大,让商人们渔翁得利。商人们利用参勤交代制度,赚取了作为消费者的各藩国大名的钱。大名们参勤交代时主要负责把守城门和德川幕府的祖庙,还有消防工作。因此,大名们在江户的官邸中需要大量士卒,花费巨大。日本全国各地的士农工商都云集江户,江户城的规模越来越大,各种建筑鳞次栉比,非常繁华。早在天明七年(1787年),江户的人口已经达到一百三十万。当时,占江户人口比例最大的是士卒和浪人。人口众多为商人和手工业者提供了商机。富商无视德川幕府的俭约令，过着奢靡的生活，这是武士阶层无法企及的。长期以来，江户人口众多，属于消费型城市，几乎所有商品都依靠从大阪等城市输入，运输费很高。因此，江户的物价居高不下，受益者都是工商阶层，而武士阶层生活困苦。加之，物质文明的进步助长了奢靡之风，武士阶层看到比自己社会地位低的工商阶层过着奢靡的生活，为了面子也要和他们攀比。结果导致武士阶层越来越穷困。大名参勤交代，将藩国的钱物带到了江户，给江户带来了繁荣，各藩国的经济却凋敝了。

此外，有的大名被削减领地，财政更加困难。被转封到其他地方的大名，表面上领地的面积没有变化，但考虑到土地的肥瘠、农民和商人的贫富程度、人口密度等因素，转封之地与原来的领地相比，实际收入大大缩水。大名在转封之际，旅费消耗很大。大名到了新的领地之后，因风土人情与原来不同，经营起来非常困难。因而，原来实力雄厚的大名在转封之后便衰落了，这不足为怪。另外，德川幕府还让大名们协助幕府筑城、治水等。德川幕府还把征夷大将军家族婚丧嫁娶、过年过节、举行各种仪式等所需费用摊派给大名们。为了办事，大名们还要贿赂幕府官员。这些费用对大名来说都是沉重的负担。再者，自古以来日本以农为本，水稻是粮食中最主要的作物，物价是以米价为基础而确定的。大名的财政来源是领地内的地租，即稻谷。九州、中国地方①、关西的大名将大米运到大阪出售换钱。关东、东北的大名把大米运到江户出售换钱。日本承平日久，大量荒地得到开垦，耕作技术有所提高。加之，人口增加，劳动力充沛。日本的畜牧业、林业、矿产业没有发展起来。几乎所有的人力物力都集中在稻谷的生产上。因此，稻谷的产量大幅度提高。各藩国之间相对封闭，交通不便。日本闭关锁国，稻谷无法出口。不仅如此，长期以来，德川幕府、各地大名鼓励开垦新田，禁止种植烟草、甘蔗等经济作物，只允许种稻子。天长日久，稻谷产量过剩。因此，米价大跌。这样一来，大名领地内的稻谷产量增加了，财政上却依然入不敷出。德川幕府的财政也入不敷出。而在这一过程中，商人和手工业者获利颇丰。这势必给天下大势带来重大影响。

---

① 中国地方，日本旧时的山阴道和山阳道的总称。

部分大名发现种植稻谷不能致富，就种植其他作物，或者从事其他行业，结果获得了成功。然而，大部分大名依然热衷于稻谷生产，开垦新田，填埋低洼之地，导致下大雨之际洪水泛滥，结果得不偿失。大名向领地内的农民征收的地租是有限的，无法用地租弥补财政赤字。于是，大名只能屈膝向江户、大阪的富商借钱度日。富商社会地位卑微，但可以通过向大名贷款获取丰厚的利润。不过，如果大名无法还债，富商有可能血本无归。因此，富商的借贷利息很高。大名从富商那里借来的钱用于消费，并没有产生价值。借贷利息很高，对大名来说是沉重的负担，很多大名连本金都无法偿还。德川幕府负责财政的勘定奉行的主要职责之一就是和债权人——富商打交道，要求他们整理旧债，借新债给大名们。因而，德川幕府的勘定奉行无暇考虑国家的百年大计。勘定奉行为了向富商借债渡过财政难关，对富商卑躬屈膝，丑态百出。为了讨好富商，有的大名、旗本武士在酒楼、青楼招待富商。士风堕落由此可见一斑。

幕府官员也想方设法向富商借款，苟且偷安。在富商讨债时，幕府官员担心下次无处借钱，不敢赖账。没有办法，幕府官员只有对领地内的农民横征暴敛。有的幕府官员向工商阶层摊派各种杂税。更有甚者，有的幕府官员逼迫领地内的庶民将土地作为抵押，向其他藩国或者富商借贷后上缴府库。之后，因为无法偿债，债主告到公堂，公堂判庶民的土地归债主所有，导致庶民流离失所。有的大名依靠削减家臣、士卒的俸禄来渡过难关，导致一般武士饥寒交迫，无法养家糊口。

由于财政紊乱，各项制度无法执行下去。在德川幕府时期，武士阶层和农民、商人之间的界限十分森严。德川幕府为了解决财政危机，经常采用的方法就是临时加税。这势必遭到强烈的抵制。于是，德川幕府另作规定，庶民只要拿出一定的钱就可以像武士一样获赐姓氏，出入挎刀，可以骑马、穿有家徽的衣服。这些待遇的价码都不同，有的地方甚至明码标价。这种做法与卖官鬻爵无异。有的地方任用市井商人做财政工作，专门负责向富商借钱。这一做法必然会破坏士农工商的界限。此外，不少藩国滥发纸币，纸币流入其他藩国，其他藩国用纸币在发行纸币的藩国中却不能兑换金银。因此，纸币价格暴跌，扰乱了金融秩序。不仅如此，相邻藩国的奸民趁机廉价收购该藩国的纸币，之后到该藩国的公署强行兑换金银。因为奸民是其他藩国的人，公署不好强行抵赖，只能便宜了其他藩国的奸民。

第2节　武士疲敝

以上是大名财政窘迫的情况。大名以下的幕士[①]和藩士[②]的境况更糟。

一、幕士的经济状况

德川家齐在世的文化年间，有一本书记录了当时武士阶层的窘态："而今俸禄为十万石的人的境况不及以前俸禄为五万石的人。"武士阶层躺在祖先的功劳簿上，代代世袭禄米[③]。乍一看，这一点令人羡慕不已。然而，武士阶层仅靠有限的禄米是无法做到一家人衣食无忧的，更无法追求享乐。武士阶层除禄米之外没有任何经济来源，德川幕府也严禁武士阶层挣外快。禄米成了禁锢武士阶层的桎梏。在宝历年间，幕士困窘，妻儿老小饥寒交迫，只得将盔甲、武器拿到当铺换钱度日。盔甲、武器是武士的命根子，不是迫不得已的话，是不会当掉的。到了宽政年间，轮值武士登城执勤，没有穿的，只好央求当铺借给衣服，当天下班后把衣服赶紧还回当铺。幕士穷困，实在过不下去时只能靠赊账、向亲戚朋友借钱度日。如果没人借给钱，幕士只能去借高利贷。债主担心收不回本息，就支付一定的好处费，让权门做名义上的债主给自己讨债。

幕士的俸禄有两种：其一，领地，上层幕士都有领地。上层幕士由于生活困窘，便逼迫领地内的庶民预缴未来数年的地租。不仅如此，幕士还向领地内的庶民强征临时性税金。领地内的庶民深受上层幕士之害。其二，禄米，下层幕士都靠禄米生存。到了幕末时期，旱涝灾害频仍，有的年份地租收不上来。因此，有领地的幕士会请求将领地上交德川幕府，转而从德川幕府那里领

[①] 幕士，即幕府武士，地位最高的幕士是征夷大将军直辖的旗本武士。
[②] 藩士，日本德川幕府时代从属、侍奉各藩的武士。
[③] 禄米，即以稻谷为俸禄。——原注

取禄米。有的幕士为了生活，把自己的禄米抵押给富商，提前把钱借出来，付给富商极高的利息。因此，幕士的生活越来越差。为了救济幕士，松平定信曾经强令富商免除幕士的债务。富商感到借钱给幕士风险太大，便以手头紧为由，不再借钱给幕士。幕士的生活更加难过。之后，德川幕府再三敦促富商借钱给幕士，富商因幕府出尔反尔，没有信用，找出种种理由拒绝借钱给幕士。于是，德川幕府指使浪人和市井无赖通过暴力逼迫富商借钱给幕士。富商无奈，只好借钱给幕士。幕士依靠借钱度日，生活越来越贫困。

天保十三年（1842年），为了救济债台高筑的幕士，德川幕府成立了町会所。德川幕府从国库中拿出若干钱借给背负巨额债务的幕士，每年七分利息，二十五年不变。德川幕府让幕士用这些钱还债，并规定从第二十六年开始，幕士向富商借的债务一笔勾销。然而，德川幕府的资金有限，能够得到这笔贷款的幕士很少，这项措施无法实施下去。于是，德川幕府让债台高筑的幕士无息分期偿还富商债务，并且命令富商今后依然借钱给未偿还债务的幕士。结果，没有一个富商认真执行这个命令。德川幕府又命町会所以每年五分利息贷款给债台高筑的幕士。然而，町会所的人阳奉阴违，把钱贷给信用好的富商牟利。这导致幕士们对町会所和德川幕府怨声载道。

幕士生活困苦，没有余力雇用奴婢。挑水、劈柴、做饭、打扫等一切生活琐事必须亲自来做。不仅如此，有的幕士还做些手工活，贴补家用。有的幕士住的房子漏雨，也没有钱请人来修。有的幕士被迫卖掉自己的房子，到陋巷和庶民住在一起。因此，幕士们根本没有精力和心情学习文化武艺。在幕府找不到差事做的幕士只能靠有限的禄米混日子。因为无所事事，幕士们赌博酗酒，生活更加困苦。

有的幕士为了生计，通过收养子的办法索要钱财。不管对方是浪人、农民、市井无赖，还是工商阶层，只要给幕士一笔钱，就能做幕士的养子，获得武士的身份。令人可叹的是，这些幕士本来有儿子可以继承自己的幕士身份，但为了眼前利益，在征得幕府的同意的基础上，和没有血缘关系的人缔结了父子关系。这样一来，幕士把自己世袭禄米的权利和姓氏就转让给了养子，每个月从养子那里得到一些养老的口粮，终此一生。事实上，幕士中断了对祖先的祭祀。有的幕士在得到一大笔钱后诈死，将自己的姓氏、世袭禄米的权利转让给养子，自己到别人家里做奴仆。享保以前就有这种恶习，德川吉宗下令严禁此事。不过，不久便死灰复燃。到了幕末时期，幕府对这种恶习习以为常，见怪不怪，默许幕士这样做。这种恶习给农工商阶层跻身武士阶层创造了机会。有的庶民通过这种方式跻身武士阶层之后，凭着自己的才干由一般的幕士晋升为旗本武士。水野忠邦时的久须祐明是信浓人，出钱买了武士身份，最终升任掌管幕府财政的勘定奉行一职。久须祐明的儿子久须祐隽在幕末时期任大阪的町奉行。一般来讲，幕士很多都是跟随德川家康①发家的三河武士②的后裔。然而，因为用钱可以买到幕士身份，三河武士的血统已经不纯了。这也预示着庶民和武士的界限早晚要废除。造成这一结果的根本原因是幕士缺乏武士的修养，生活困顿，无法维持家业。买了武士身份的庶民，有的飞黄腾达，有的沉溺于享乐，败家之后，又把武士身份卖给其他人，自己又沦落为商人、手工业者等庶民，甚至沦落为市井无赖。

本来，幕士、幕士的上层旗本武士都有奴仆侍奉自己，但他们因生活困难，无法一整年雇用奴仆，只能在一年中雇用一季或者半年。这些奴仆中有不少奸诈之徒，利用主家的名声为自己谋私利，有的甚至和主家的女眷私通。

二、藩士的生活状况

由于各藩国的大名财政拮据，藩士的领地或者禄米也会减少。因没有其他的生财之路，藩士名为武士，实际上却过着庶民的生活，有的藩士生活状况还不如庶民。在这一点上，藩士和幕士是类似的。在江户执勤的藩士情况更惨。藩国大名为了救济藩士，偶尔会贷给藩士一些钱，但要收利息，所起的作用有限。在幕末时期，各藩国都实施俭约令，规定了衣服、食品的品质，严禁奢侈浪费。其目的也是救济藩士。这是因为有的藩士奢靡败家，被奴婢看不起。有的藩士在败家之后，生活还不如庶民。

---

① 德川家康，生于1542年，死于1616年，是日本德川幕府的第一代征夷大将军，1603年到1605年在任。
② 三河武士，即德川家康时期为德川幕府的创立做出重大贡献的三河国出身的武士。

第3节　农民阶层的衰落及市民阶层的崛起

　　武士阶层财政拮据，必然会加重对领地内的农民阶层的盘剥。收租比例本来是"五公五民"，有的武士竟然将这一比例提高至"七公三民"，有的武士还逼迫农民预缴未来几年的地租。不仅如此，武士还经常征收临时性杂税。如果农民不答应，武士就把农民抓起来投入监狱。农民只好将土地做担保，向其他藩国的人借米、借钱来缴纳地租和杂税。农民不堪重负，衣不蔽体，食不果腹。很多农民不能娶妻生子，有的被迫卖妻卖子。不仅如此，农民们丰年和歉收之年都同样贫困、痛苦。丰年米价下跌，卖了米也不足以偿还债务，歉收之年情况更惨。于是，农民对农业失去信心，另谋生路。农民们抛家舍业，舍弃妻儿，来到江户、京都、大阪谋生。天明五年（1785年）到天明六年（1786年），农民减少了一百四十万人，土地荒芜，城市人口增加。于是，德川幕府下令领主调查各自的领地内耕种土地所需要的农民人数，如果人数不够，禁止农民外出务工。由于生活困顿，堕胎或者杀死自己的病弱孩子的农民很多。农民不仅受到领主的盘剥，还深受浪人之害。浪人要求农民收留过夜，并向农民索要财物，如果农民不答应，就伤害农民。浪人经常结成团伙，为害乡里，领主、代官拿浪人没有办法。被逼无奈，有的农民结党生乱，或者逃离村庄，或者威逼领主减租，或者到江户告状。幕府和各藩国都采取严厉措施，镇压结党闹事的农民，主谋和主要从犯抓住之后都处以死刑。这导致民心逐渐背离武士阶层。

　　在幕末时期，大名、武士、农民的经济状况都很差。而町人即商人阶层的经济实力不断增强，原因如下：其一，当时，德川幕府掌权已经超过二百多年，天下太平，创造了很好的经商环境，商人的财富不断积累；其二，商人从事大名、武士、农民日常需求物资的运输、销售，获利丰厚。大名、武士穷困的原因就是商人获利丰厚。

　　尽管德川幕府屡次下达俭约令，商人却依旧过着富裕的生活。德川幕府时代中期以后，金银借贷活动频仍，大名、武士都看商人的脸色行事，有的武士因付不起价款，向商人作揖，恳请商人赊账。商人在内心深处开始鄙视武士。有的商人甚至当面耻笑、挖苦武士们。有的武士到町奉行那里告状说商人对自己无礼，却受到了町奉行的挖苦。如果武士阶层凭借武力压服商人阶层，商人阶层就不再借钱给武士阶层，武士阶层更无法生活下去。这是商人阶层参与政治事务的前兆。不过，商人参政需要改革国家制度，也需要商人阶层提高自己的政治素养。这需要很长的时间。商人阶层地位的上升有助于形成中产阶层，这对国家和社会的发展都会起到积极作用。

不仅如此，甚至那些放牛人、赶车人等在路上遇见了武士的女眷，也会污言秽语进行嘲弄。陪着武士女眷出门的奴仆们敢怒不敢言。商人的起居风尚影响了喜好奢侈的大名的家庭生活。武士们也效仿商人的奢靡生活，使生计越来越困难。为了救济武士，德川幕府实施天保改革，下达俭约令，约束武士的不合理消费。不仅如此，德川幕府还将俭约令的实施范围扩大到工商阶层，结果导致工商阶层怨声载道。

商人积极地通过财富的力量，获得官职和武士身份，提高社会地位。之后，通过自己的实力，官职不断提高，凌驾于幕士之上。有的商人贿赂幕府官员，谋取商业利益。这是政治腐败造成的。有的武士因为无法生活下去，只好委托善于理财的商人管理自己的家务。当时，商人阶层在财力、能力上都超过了武士阶层，给这两个阶层的政治关系带来了变化。武士政权开始出现危机，这是不争的事实。

武士、农民的势力衰落，所处的境遇非常悲惨。这是因为武士、农民受到约定俗成的习惯的束缚，子弟除世袭祖上的职业之外，没有施展能力的机会。工商阶层不同，长子继承家业，二儿子、三儿子都有择业的自由，能够最大限度地发挥自己的才能，最终过上富裕的生活，提高社会地位。而武士和农民阶层，长子继承家业，二儿子和三儿子没有择业自由，只能仰仗父兄生活。从这个角度来看，武士和农民阶层比不过工商阶层。武士身上的双刀在和平年月也派不上用场。

第4节　幕府财政的混乱及政治的腐败

幕末时期，日本各社会阶层的利害关系不同，生活状况也不同。当时，德川幕府有责任和义务协调各个阶层的利益和阶层隔阂。为了做到这一点，德川幕府必须有强大的财政力量。那么，当时德川幕府的财政状况如何？

德川幕府的年均财政收入为八百万石稻谷。德川幕府靠这个收入来支付各种费用及支付旗本武士、御家人①的俸禄。每年八百万石稻谷的财政收入支付上述费用并不充裕。如果遇到突发事件，支出会急剧增加，德川幕府的财政就会入不敷出。安政以后，德川幕府内忧外患频仍，支出越来越大，而收入增长乏力。巧妇难为无米之炊，幕府官员用有限的财政收入来应对不断增加的财政支出是很困难的。德川幕府无法再增加直辖领地上的地租。这是因为农民不仅要负担德川幕府的地租，还要负担德川幕府直辖领地上的代官的正常薪酬、幕府衙门的杂费。除此之外，为了办事，贿赂、招待贪官污吏也需要一笔费用。因此，农民几乎食不果腹、衣不蔽体，德川幕府已经没有压榨的余地了。德川幕府向工商阶层征收的各种赋税也是有限的。因此，德川幕府的财政年年入不敷出。为了解决财政入不敷出的这个难题，德川幕府采用了改铸货币的办法。这一办法坑苦了武士和农民，但德川幕府也管不了那么多了。德川幕府改铸货币之后，金币、银币、铜钱中的黄金、白银和铜的含量分别下降，货币数量增加，能够弥补财政赤字。德川幕府改铸货币，是在变相地掠夺庶民的财富。然而，货币质量下降导致物价飞涨，民心不稳。

幕末时期，德川幕府财政混乱，幕府和各藩国在行政方面问题也很多。无论是德川幕府还是藩国，都是政治腐败、武备松弛、士风颓废，庶民喜好奢靡。这些现象归根到底，是德川幕府的经济政策失当造成的。中国有句古话叫"衣食足而知荣辱"。上述德川幕府在经济上的失策及政治上、社会上的弊端并非偶然现象，而是历史的必然。德川幕府无论由谁主政，都改变不了这一趋

---

① 御家人，日本镰仓时代指的是与幕府的征夷大将军直接保持主从关系的武士。到德川幕府时代，"御家人"指的是俸禄在一万石以下、没有资格谒见征夷大将军的幕臣。

势。德川幕府是建立在旧制度组织上的旧国家机器，已经不能适应时代的发展。即便执政者进行改革，也无济于事。当时的幕府执政者与旧制度休戚与共，不可分离，竭尽全力维护旧制度，这导致幕府经济困难、财政混乱、政治腐败。如果幕府不进行彻底的制度改革，弊端会越来越多，无法适应形势的发展。最终的结果是发生革命，推翻德川幕府的统治。当然，要发生革命，还要借助"西力东渐[①]"这个外力。

[①] 西力东渐，是指欧洲"大航海运动"后西方殖民势力的东向发展，具体包括基督教的传入及商业航海贸易势力的东来。

第 2 章
海外形势的发展和对日本的影响

幕末时期，国际形势发生了很大的变化。然而，德川幕府依然沿袭闭关锁国的政策。日本国内藩国林立，兄弟阋墙。包括征夷大将军和藩国大名在内的日本人，心中只有幕府和一个个藩国，缺乏日本的国家观念，不知道日本在东亚和世界上的地位，也不知道日本将来的发展方向。西方人来到日本，尤其是在美国海军将领马休·佩里逼迫日本向美国开放港口并和美国通商之后，情况发生了很大的变化。包括征夷大将军、藩国大名在内的日本人对西方人来到日本这件事情是怎么看的？西方人如何看待日本在世界上的地位？西方人来日本的动机是什么？日本人和西方人的观点不同，这导致日本人对西方人产生了误解、猜疑和恐慌。日本人对西方人或采取排斥的态度，或采取畏缩退让的态度。下面笔者以史实为据，剖析上述问题。

第1节 德川家齐执政初期的海外形势

西班牙、葡萄牙、荷兰等为了商业、宗教或者政治目的叩响了日本的国门。后来，西班牙、葡萄牙、荷兰衰落了。17世纪后半期以后，英国、法国、俄国、美国等新兴的欧美列强取代西班牙、葡萄牙、荷兰，不断向东方扩张势力。俄国越过乌拉尔山脉，占领西伯利亚。庆安二年（1649年），俄国人一直向东入侵至黑龙江畔。此后，俄国人东侵南下的势头不减，最终在千

亚当·拉克斯曼

岛群岛和萨哈林岛①与日本发生冲突。边境不断告急，德川幕府吃惊非小。宽政五年（1793年），俄国人亚当·拉克斯曼率兵来到虾夷。之后，英国、法国、美国的军舰陆续来到日本。18世纪末，清朝幅员辽阔，也采取了闭关锁国的政策，允许葡萄牙人租借澳门，仅仅开放广州一个港口供西方人出入。当时，日本允许荷兰人常驻出岛，仅仅开放长崎一个港口供外国人出入。由此可见，日本和清朝的做法非常相似。1689年，清朝和俄国签订了《尼布楚条

---

① 即库页岛。

约》。1727年，清朝和俄国签订了《恰克图条约》。这两个条约划定了清俄两国的边界，阻止了俄国的进一步南下。到19世纪前半期，西方列强开始敦促清朝开放港口，与西方列强通商。这一点，清朝和日本类似。这都是"西力东渐"的表现。西方列强也开始染指印度、朝鲜和越南。1791年，葡萄牙打算入侵朝鲜，没有得逞。1787年，越南发生内乱，越南国王在法国传教士的劝说下，派人到法国，以割地为条件，请求法国国王路易十六派援军，这无异于引狼入室。

法国国王路易十六

1707年，俄国占据与千岛群岛相邻的堪察加半岛，对日本海对岸的日本领土虎视眈眈。与此同时，俄国几乎占领了萨哈林岛的北半部。不仅如此，俄国还占领了阿拉斯加。

由上述可知，在德川家齐执政初期，英国、法国、俄国在亚洲竞相争夺领土，进行通商。清朝、朝鲜、日本三国尚未被列强染指。然而，这种状况不会持续太久，欧美列强正在积蓄力量，把魔爪伸向清朝、朝鲜和日本。

第2节　俄国对日本领土虎视眈眈

1736年，受雇于俄国的丹麦人思康恩布尔格来到虾夷，到达日本陆奥的东部海岸。俄国出于政治和商业目的，要求与日本进行通商。1792年冬，亚当·拉克斯曼率领俄国军舰"卡萨林"号来到日本的根室，送还了日本的海上难民，同时要求德川幕府与俄国通信、互市。德川幕府闻报，派石川忠房、村上义礼来到松前，将亚当·拉克斯曼请到松前，将书信递给亚当·拉克斯曼。石川忠房、村上义礼告诉亚当·拉克斯曼，互市一事只能到长崎和长崎奉行商谈，并给了亚当·拉克斯曼信牌。此外，德川幕府给亚当·拉克斯曼的军舰补充了物资，以示慰问。亚当·拉克斯曼见无法达到目的，只好回到了西伯利亚。德川幕府命令日本沿海的大名加强对外国船的警戒。之后，因为爆发了法国大革命、瓜分波兰等事件，俄国忙得不可开交，无暇顾及日本。到了1795年，一艘搭乘六十余人的俄国军舰从堪察加出发，来到得抚岛[①]，打算在这里殖民。然而，俄国人水土不服，到1798年，只有十七个俄国人留在岛上。俄国人不断蚕食日本的北方领土，引起了日本人的警觉，日本朝野上下开始讨论如何加强海防。

1802年，在阿拉斯加俄美毛皮贸易商会的建议下，俄国沙皇亚历山大一世派尼古拉·彼得罗维奇·列扎诺夫为特使前往日本长崎，要求和日本进行通商。俄美毛皮贸易商会的目的是在近海捕猎海兽时，能够出入日本北部的港口

---

① 俄罗斯称之为乌鲁普岛。

尼古拉·彼得罗维奇·列扎诺夫

并得到淡水和干柴的补给。以前幕府官员给过俄国使节信牌，这为俄国再次派使节到日本提供了借口。尼古拉·彼得罗维奇·列扎诺夫率领军舰从大西洋绕过南美洲南端，于1804年7月15日抵达堪察加半岛。之后，尼古拉·彼得罗维奇·列扎诺夫从俄国的堪察加总督那里借了一些士兵，前往长崎。到了长崎后，尼古拉·彼得罗维奇·列扎诺夫非常有礼貌，遵照长崎奉行的命令，将信牌和船上的武器交给日本官员。与此同时，尼古拉·彼得罗维奇·列扎诺夫对日本官员说：

> 我此次奉沙皇陛下之命，来请求日本与俄国进行通商。

长崎奉行派人告诉尼古拉·彼得罗维奇·列扎诺夫此事事关重大，需要禀报德川幕府之后才能答复。

过了半年，德川幕府派远山景晋命令长崎奉行拒绝尼古拉·彼得罗维奇·列扎诺夫的要求，并拒绝接受俄国沙皇亚历山大一世的礼物。尼古拉·彼得罗维奇·列扎诺夫不仅没有完成使命，而且连信牌也没有要回来，快快不乐地离开了长崎。尼古拉·彼得罗维奇·列扎诺夫离开长崎后，经过对马的东岸，在日本海上航行。尼古拉·彼得罗维奇·列扎诺夫一路上仔细勘察了日本沿岸的地形，发现日本的海防设施极其薄弱，军队战斗力很差，只需一艘欧式军舰便可以击溃日本的大量士兵。1805年4月24日，尼古拉·彼得罗维奇·列扎诺夫在虾夷地区宗谷湾内停泊两天后回到了萨哈林。一直到1806年4月，尼古拉·彼得罗维奇·列扎诺夫率领军舰一直游弋，旨在向日本示威。在长崎时，尼古拉·彼得罗维奇·列扎诺夫表面上非常顺从，实际上对日本人怀恨在心。尼古拉·彼得罗维奇·列扎诺夫一直在寻找报复日本人的机会。鉴于俄国对日本的威胁越来越大，当时有人建议德川幕府应该对虾夷地区的阿伊努人恩威并重，让他们发挥主人翁精神，积极配合幕府防御俄国人的进攻。

文化二年（1805年），由十四人组成的俄国商队来到择捉岛①。当时，德川幕府官吏坐镇择捉岛，防守日本北方海域。择捉岛的幕府官员劝说占据得抚岛的俄国人回国，表示如果俄国人不听劝告，会被逮捕治罪。之后，南下来到择捉岛的俄国人被德川幕府官吏抓住之后投入监狱。这一年，尼古拉·彼得罗维奇·列扎诺夫去了长崎。这些俄国俘虏趁日本狱卒不备越狱，抢了一条船从海上逃走。当时，俄国的军舰将日本的海上难民送还日本。这些逃出来的俄国俘虏在海上遇到了俄国军舰，一五一十地向俄国军舰的舰长讲述了他们被德川幕府官吏抓住并投入监狱的经历。于是，俄国俘虏上了俄国军舰回国了。日本海上难民乘着俄国俘虏们留下的船回到了日本。尼古拉·彼得罗维奇·列扎诺夫是否知道这件事情已经无法确定。不过，1806年回到堪察加之后，尼古拉·彼得罗维奇·列扎诺夫命令上述俄国军舰的舰长侵略日本的北方岛屿。起

---

① 择捉岛为日语名，俄罗斯称其为伊图鲁普岛，系俄日争议领土。

初,这名俄国军舰的舰长打算入侵千岛群岛,后来改变了侵略方向。文化三年(1806年)九月二十三日,俄国人袭击萨哈林附近的渔场,抓了四名日本人,夺了装着米酒的酒瓮等物资,在日本人的哨卡放火后离开了。当时,俄国人在日本的哨卡留下了一封写在铜板上的信,这封信的大意是:

> 我们俄国使节在长崎受到了日本人的冷遇,今天给你们一点颜色看看,让你们日本人知道我们俄国人有着强大的军事力量,是不可侵犯的。

文化四年(1807年),俄国人再次来到择捉岛,日本和俄国之间首次发生流血冲突。自从宽政十二年(1800年)以来,日本一直重视择捉岛的防卫。然而,日本的国防设施落后,在俄国军舰的炮轰下毁于一旦。当时,俄国人大言不惭地说:

> 千岛群岛本来就是我们俄国的领土,日本人在择捉岛建军事设施属于侵略行为。以前,日方逮捕俄国的海上难民属于不法行为。

俄国人还袭扰国后岛①。德川幕府和箱馆的幕府官员闻报都大吃一惊。从此时起,日本人越来越不相信俄国人了。

由于俄国人不断侵蚀日本领土,德川幕府加强了防守措施。文化八年(1811年),俄国人格罗宁等在南千岛群岛②沿岸测量时,在国后岛被日本人抓住了。为了进行报复,俄国人利克尔德抓住了为德川幕府服务的船老大高田屋嘉兵卫,将其看押在堪察加。文化十年(1813年),日俄两国在松前交换俘虏。起初,俄国人来日本要求通好,主要是为了通商。后来,日本向外国开放港口之后,常驻箱馆的俄国商人的数量还不如英美商人多。俄国的国策并非

---

① 俄语名为库纳施尔岛。
② 日本称之为"北方四岛"。

以商业强国。由此可见,俄国人要求和日本通商或者要求日本为俄国军舰提供柴薪、淡水、粮食时,包藏着扩张疆土的野心。俄国人看到和颜悦色无法达到目的,就撕下面具,露出本来的面目。尼古拉·彼得罗维奇·列扎诺夫采取的手段恐怕不是他的个人行为,应该是在执行俄国的国策。尼古拉·彼得罗维奇·列扎诺夫在回国途中落马殒命。之后,直到嘉永六年(1853年),俄国人没有再次入侵日本边境,只是静待时机的到来。

第3节　英国人针对日本采取的行动

元和七年(1621年),常驻平户的英国人以在日本无利可图为由,不再和日本做贸易。接着,英国人关闭平户的商馆,离开了日本。延宝元年(1673年)五月二十五日,英国东印度公司派一艘船来到长崎港,声称想恢

英国东印度公司纹章

英国占领下的孟买

复与日本的贸易。在此前数十年,英国因为内乱,无暇顾及和日本的通商事宜。当时,英国内乱逐渐平息,英国东印度公司在印度的势力不断扩大,占有了孟买等地,逐渐可以与荷兰抗衡。英国打算通过和日本开展贸易确立英国在东亚的贸易霸主地位。不巧的是,英国商人再次返回日本时,德川幕府的政策发生了变化。德川幕府只允许日本商人与荷兰商人、清朝商人开展贸易,并且贸易额受到了限制。荷兰人将在欧洲发生的事情如实告诉德川幕府,有助于日本了解欧洲乃至世界的动态。因此,德川幕府非常信任荷兰人,让荷兰人常驻出岛。荷兰和英国在商业上属于竞争关系,所以荷兰不希望英国与日本开展贸

英国国王查理二世

易，极力阻止英国和日本开展贸易活动。当时，荷兰获悉英国国王查理二世和葡萄牙的公主结婚一事，并告诉了德川幕府。此前，日本和葡萄牙断绝了往来，两国之间属于敌对关系。因此，德川幕府拒绝和英国开展贸易活动。延宝元年（1673年）七月二十六日，英国船空手而回。

宽政三年（1791年）左右，一艘叫"阿尔格纳特"号的英国船在北美做了一笔毛皮生意后来到日本的纪伊熊野浦，打算和日本商人做海上贸易。结果，"阿尔格纳特"号被日本巡逻船包围。日本巡逻船给了"阿尔格纳特"号一些柴薪和淡水之后，勒令"阿尔格纳特"号离开日本。宽政九年（1797年），英国测量船探测日本太平洋沿岸的地形和海底的深度，出没于远江至虾夷的海面，让日本人吃惊非小。享和三年（1803年），英国商船"弗列敦利克"号载着货物，从印度加尔各答出发，想进入日本的港口，遭到日本的拒绝。

上述几次来日本的英国船并未对日本有任何敌对的行动，但日本人搞不清楚英国船的真实意图，就认为英国船不怀好意，采取了排斥的态度。文化三年（1806年），长崎港内发生了一件大事。此后，德川幕府更加坚定了闭关锁国的决心。

英国在印度获得了成功，进而在亚洲扩张势力。荷兰在亚洲的利益受到重创，所以常驻日本出岛的荷兰人对英国人持敌对态度。荷兰人的态度对德川幕府的决策具有重大影响。荷兰人将英国人在印度乃至亚洲的扩张情况告诉了德川幕府，还趁机在德川幕府那里说了很多英国的坏话，让德川幕府对英国产生恶感。荷兰人还通过长崎奉行告诉德川幕府英国人挑唆俄国人袭扰日本北部

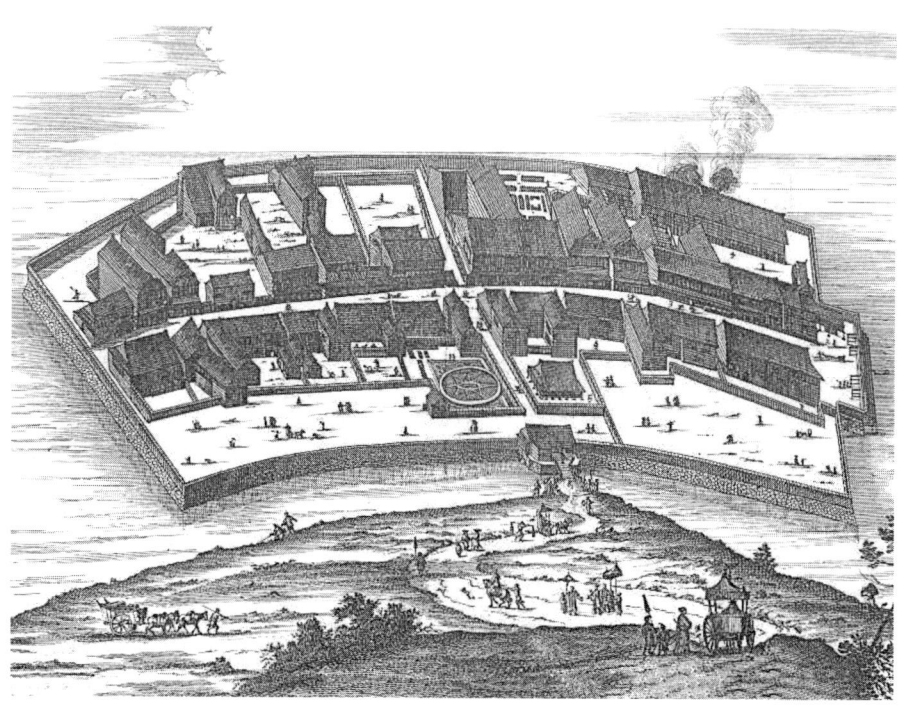

日本出岛的荷兰商馆

边境。德川幕府对荷兰人的说法也没有全信,而是让长崎奉行问荷兰人为什么这么说。尽管荷兰人拿不出确凿的证据,但由于先入为主,日本人对英国人产生了戒心。同时英国人的行为也印证了德川幕府对英国人的不信任。因此,德川幕府拒绝和英国恢复通商也在情理之中。

文化三年(1806年),路易·波拿巴做了荷兰国王,荷兰成为法国的一个附属国,法国吞并了荷兰在亚洲的殖民地。文化三年,英国海军将领德拉力

路易·波拿巴

率领舰队在亚洲的海面上游弋，其主要目的是捕获荷兰的商船。英国舰队猜测当时正值荷兰商船和日本长崎进行定期贸易的时间段。为了防止荷兰商船和日本长崎进行贸易，英国军舰重点在日本近海搜索荷兰商船。然而，英国军舰搜索了一个月也没有发现荷兰商船，就断定荷兰商船已经进了长崎港。此时英国军舰正好缺少柴薪和淡水，打算进入长崎港补充。于是，英国军舰悬挂荷兰国旗，出现在长崎港外。荷兰商馆的负责人一直在等着荷兰商船来到长崎，闻报派两个人和长崎奉行的部下一起去船上看。这两个荷兰人做梦也没有想到这是英国人的诡计，一到船上就被英国人扣留了。同去的日本人惶恐不安，逃了回去。长崎奉行松平康英闻报十分惊愕、愤怒，想要动用常年驻扎在长崎的佐贺藩的兵力救回那两个荷兰人。然而，佐贺藩藩主为了节省经费，抽调走了一部分兵力。因此，松平康英无法向英国军舰发动进攻。英国军舰上的负责人审问了这两个荷兰人后，得知荷兰商船还没有来到长崎，于是以这两个荷兰人为人质，要挟荷兰商馆的负责人劝日本人为英国军舰提供柴薪和淡水。当时松平康英正在思考如何扣留英国军舰，却突然起风，英国军舰扬帆离开长崎港远去了。之后，松平康英深感有失国体，便引咎剖腹自杀谢罪。这个事件之后，德川幕府对荷兰人所说的英国人的形象确信无疑，认为英国人就是海盗。

直到文化六年（1809年），每年都有荷兰商船来到长崎，向出岛的荷兰商馆供应物资，并和日本人做贸易。之后三年，没有一艘荷兰商船来到日本，并且杳无消息。荷兰商馆与荷兰本国完全隔绝，日常用品都无法补充，盼望着荷兰商船到来，望眼欲穿。究其原因，荷兰被法国吞并之后，法国的死对头英国夺取了荷兰的殖民地爪哇，并在爪哇的巴达维亚设立了总督府。文化十年（1813年），两艘商船来到长崎。荷兰商馆负责人时任甲必丹[①]亨德里克·杜夫通过旗语确认这确实是荷兰商船。然而，进入长崎港的是英国船。更令亨德里克·杜夫不解的是，船上竟然坐着前任甲必丹威廉·瓦尔德纳尔及前来接替自己做下任甲必丹的卡萨。亨德里克·杜夫仔细询问之后，才知道这两艘

[①] 甲必丹，日本德川幕府时代对欧洲在日本设立的商馆的负责人的称呼。1633年日本实行闭关锁国政策以后，荷兰人成为日本唯一的欧洲贸易对象，但日本人仍沿用了"甲必丹"这一名词，用来称呼荷兰商馆的负责人。

亨德里克·杜夫

船是爪哇的英国总督拉夫尔斯派来的。卡萨等手中拿着拉夫尔斯下达给亨德里克·杜夫的命令，规定由英国接管出岛的荷兰商馆及荷兰的商业权益。亨德里克·杜夫以出岛的荷兰商馆不归爪哇的英国总督管辖为由，断然拒绝执行命令。亨德里克·杜夫绝不甘心束手就擒，他向日本官员说明了情况。同时亨德里克·杜夫获悉这两艘英国船没有重型武器，日本军队可以击沉这两艘船。

自从上次英国船擅闯长崎港，导致长崎奉行松平康英剖腹自杀后，日本人恨透了英国人。亨德里克·杜夫利用日本人的这一情绪，偷偷威胁威廉·瓦尔德纳尔等按照往年的惯例，将船上的货物卸下来卖给日本人。同时，亨德里克·杜夫让威廉·瓦尔德纳尔等替自己偿还欠日本人的债务，并且让他们购买了大量的日本货物之后离开长崎港。此后，亨德里克·杜夫依然留在出岛。亨德里克·杜夫是在日本人不完全了解内幕的情况下处理的这件事情。以前，巴达维亚的荷兰人雇用美国船来日本，船员们说的是英语。日本人也知道这一点，并且看到威廉·瓦尔德纳尔也在船上，就认为这是荷兰人派来的商船。因此，这两艘英国船才得以平安离开长崎。如果亨德里克·杜夫完全将实情告诉日本人，日本人肯定会和英国船发生冲突。英国人并不死心，文化十一年（1814年），英国又派卡萨率船来到长崎，打算取代亨德里克·杜夫。亨德里克·杜夫严词拒绝，卡萨只好灰溜溜地回去了。当时，全世界悬挂荷兰国旗的地方只有日本的出岛。出岛的荷兰商馆再次与荷兰本土取得联系是在荷兰复国之后。

之后一段时期，英国船没有来日本长崎。然而，英国商船和捕鲸船不断出没在日本列岛的太平洋沿岸，让日本人吃惊非小。文化十四年（1817年）九月，英国船漂泊于伊豆安房的海上。文政元年（1818年）五月，英国的一艘商船在戈登的指挥下前往俄国的鄂霍茨克从事贸易活动，之后来到日本的浦贺，要求和日本通商。结果，戈登遭到德川幕府的拒绝。文政五年（1822年）四月，一艘英国捕鲸船来到浦贺，要求补给柴薪和淡水。这样一来，日本人对英国船越来越警惕。文政七年（1824年），英国的一队捕鲸船漂泊在距离常陆海岸五十里处的海面上。很多日本渔民好奇，前往观看。有的渔民用纸张等物品和英国船进行交易。因此，在水户藩可以看到令人感到新奇陌生的洋货。水户藩的官吏感到诧异，经过调查，将三百余人投入监狱。文政七年五月，十二名英国船员在常陆大津滨登陆，被水户藩的官吏逮捕。后来，水户藩的官吏得知他们是来请求日本人提供柴薪和淡水的，便释放了这些英国船员。当时，为了抓住这些船员，水户藩出兵了，德川幕府也派人前来调查情况，搞得沸沸扬扬。

英国的捕鲸船中也有坏人。文政七年，英国船员来到萨摩，想要当地居民的牛，被当地居民拒绝了。于是，这些英国船员携带武器非法登陆，枪杀耕牛，要运回船上。因此，当地居民和英国船员发生争斗，互有死伤。这件

清朝被迫和英国签订《南京条约》

事情的影响很大，促使德川幕府于文政八年（1825年）下达了驱逐外国船的命令，对靠近日本沿岸的外国船，不分青红皂白，一律武力驱逐。在天保初年[①]，英国船"塞浦路斯"号在前往澳大利亚的途中，柴薪、淡水匮乏。因此，"塞浦路斯"号靠近日本海岸。日本守军立刻炮轰"塞浦路斯"号，"塞浦路斯"号只好退去。

19世纪初，欧洲内乱略微平息，英法等列强开始在亚洲争夺殖民地。天保十一年（1840年），英国和清朝之间爆发了第一次鸦片战争。天保十三年（1842年），清朝被迫和英国签订了《南京条约》。清朝开放了广州等五个

---

① 1831年、1832年左右。——原注

港口，允许外国人入境通商，将香港割让给英国。通过签订《南京条约》，英国获利匪浅。香港成为英国的海军基地和商贸重镇，也是英国进一步入侵清朝的根据地。以此为契机，列强纷纷逼迫清朝签订了类似的不平等条约。这对日本、朝鲜、越南产生了重大影响。弘化二年（1845年），英国军舰"萨拉曼"号为测量海水深度，来到长崎港附近。荷兰人将此事报告给日本官方，日本守军严阵以待。"萨拉曼"号在从日方得到柴薪、淡水的补给后扬帆而去。嘉永二年（1849年）四月二十九日，英国测量船"玛丽娜"号来到日本浦贺，日方坚决拒绝英国人登陆。"玛丽娜"号完成实际测量后，又到下田湾，进行了为时五天的测量。在此期间，日本官员一直在关注着"玛丽娜"号的动静。"玛丽娜"号在从日方得到柴薪、淡水和粮食的补给后离开了日本海面。

由上述可知，起初英国船来日本是为了和日本通商，也有一些捕鲸船来到日本附近。后来，英国船来到日本沿海从事测量活动，还没有公然要求德川幕府开放港口，最后被美国抢在前面。这大概是因为英国把精力主要放在从清朝获取权益上了。

第4节 美国人对日本采取的行动

当时，美国和日本的交往历史并不长。宽政十年（1798年），居住在荷属巴达维亚的美国人思奇索尔特来到长崎，自称是荷兰人。思奇索尔特向出岛的荷兰人行贿，将船上的货物销售一空。享和三年（1803年）七月，有一艘美国船来到长崎，想购买日本的海产品，遭到日方的拒绝后离开了日本。据说当时思奇索尔特也在这艘船上。文化四年（1807年）四月，一艘美国商船在从广东回国的途中想进入日本港口，遭到日方的拒绝。这艘美国商船从日方得到柴薪、淡水的补给后回国了。天保二年（1831年），一艘日本船在太平洋上遇到暴风，船上只有三个人生存下来，漂到了一个荒岛上，被岛上的印第安人抓住了。当时，英国毛皮贸易公司的职员正在哥伦比亚河河口做生意，他们将这三个日本人从印第安人那里赎了出来。后来，英国毛皮贸易公司的职员将这三个日本人带回英国，又将这三个日本人送到了澳门。这三个日本人在澳门遇到了另外四个日本人。这四个日本人是在菲律宾群岛附近遇到暴风雨，漂到了澳门。在澳门的美国商馆派人将这七个日本人送回日本，并要求日本与美国通商。天保八年（1837年）六月，美国人莫里逊率领军舰来到浦贺，送还上述七个日本人。为了表示诚意，莫里逊等都没有带武器。莫里逊命人在布片上用汉字写了下面的几句话：

我们此番从澳门来到日本，目的是送还日本难民。希望日方补给柴薪和淡水，别无他意。

然后，莫里逊让人把布片置于海面上。尽管日本守军看到了布片上所写的文字，却依然根据德川幕府的规定向美国军舰开炮。不过，日军炮术拙劣，莫里逊等没有受伤，扬帆退却。莫里逊离开浦贺之后，于天保八年（1837年）八月二十日来到了鹿儿岛。一名萨摩藩官员询问美国人的来意，莫里逊交给这名萨摩藩官员一封写给萨摩藩藩主的信。然而，这名萨摩藩官员的上司不仅不受理莫里逊的信，还准备炮击莫里逊的军舰。莫里逊意识到日本人冥顽不化，无法沟通，就仓皇逃回澳门。可怜这七个日本难民眼看就要见到亲朋好友了，却功亏一篑，只好坐着莫里逊的军舰回到了澳门。莫里逊事件后来在民间传开来，高野长英、渡边华山等因此身陷囹圄。

高野长英

19世纪的美国捕鲸船

　　弘化二年（1845年），美国的捕鲸船"米尔卡特尔"号在海上搭救了十几个遭遇海难的日本人，并把这些日本人送到浦贺。数百艘日本兵船围住"米尔卡特尔"号，并没收了"米尔卡特尔"号上的美国人的武器。过了几天，德川幕府命人给"米尔卡特尔"号补充柴薪和淡水后，让其离开日本海面。美国政府为了保护来往于亚洲的美国人的权益，派军舰在亚洲各国的海面上游弋。当时，美国政府派海军将领彼得勒要求德川幕府向美国船开放港口。嘉永元年（1848年）六月二十日，彼得勒率两艘船来到浦贺，将清朝和英法美等国签订的条约的副本给德川幕府官员看，要求德川幕府像清朝一样，和美国缔结通商条约。德川幕府既没有答应美国人的通商要求，也不允许彼得勒上岸，只是提供了柴薪和淡水，把美国船打发走了。

　　出岛的荷兰人告诉在广东供职的美国人：

美国捕鲸船"拉德佳"号于嘉永元年（1848年）在日本松前的近海触礁，十五名船员被押送到了长崎。

嘉永二年（1849年）三月二十五日，美国海军将领詹姆斯·格林率领军舰来到长崎，向长崎奉行索要那十五名美国船员。长崎奉行指定了一个地方让詹姆斯·格林停泊军舰，詹姆斯·格林不答应，想自己选地方停泊军舰。德川幕府在给外国船补给柴薪、淡水、粮食时都是免费的，以示对外国人的仁慈。然而，詹姆斯·格林主张，如果日方不收取费用就不能接受日方的补给。长崎奉行对詹姆斯·格林颇有好感，没有派人到江户请示德川幕府，就于嘉永二年四月四日将那十五名美国船员交给了詹姆斯·格林。之后，詹姆斯·格林率领军舰离开长崎，回到美国。

第5节　欧美列强对琉球及小笠原群岛采取的行动

琉球群岛曾经附属于萨摩藩藩主岛津氏。文禄年间，小笠原贞赖发现了一个岛屿，就将其命名为小笠原群岛。琉球群岛和小笠原群岛的地理位置重要，很早就受到了欧美列强的重视。第一次鸦片战争后，清朝被迫向英国等欧美列强开放了五个港口。因此，游弋在亚洲海面的欧美列强的船不断增多，欧美列强希望在琉球群岛和小笠原群岛建设储存煤炭、淡水、粮食等的设施，以便补给往来于欧美和清朝的船。然而，当时德川幕府严禁外国船接近日本沿岸。

天保十四年（1843年）十月十日，一艘英国军舰来到琉球八重山群岛。英国军舰的船员登陆后，便开始测量山野、海边。英国军舰在这里停泊了五十天才离开。天保十四年十二月一日，一艘英国船来到宫古岛，登陆测量山野、海边。当时，琉球人竭力阻止英国人登陆，但力不从心。英国人在宫古岛逗留了半个月才离开。

弘化元年（1844年）三月十一日，一艘法国军舰在琉球那霸港停靠。据军舰上的法国人讲，军舰离开广东后遇到暴风，船体受到损伤，他们想在这里修理船并补充粮食、柴薪、淡水等。琉球人为法国人提供了修理船所需要的木材，并提供了粮食、柴薪和淡水。法国人又说奉法国国王的命令，想和琉球建立永久的通商关系。琉球人没有答应，法国人说琉球只要答应和法国交往就行，通商一事等法国海军将领来后再议。琉球人说：

>琉球是清朝的藩国，琉球也和日本通好，琉球无权和其他国家通好。

法国军舰临走之时，留下一名法国人、一名清朝翻译在岛上，等法国海军将领来后做翻译。过了几天，这名法国人对琉球人说：

>英国人对琉球垂涎已久，如果琉球和法国交好，法国可以确保琉球的安全。

当时，英法两国正在亚洲争夺殖民地，琉球也是两国争夺的目标之一。琉球能够幸存，是欧美列强势力均衡的结果。

弘化二年（1845年）七月二日，一艘英国船来到琉球八重山群岛，要求补给粮食，在这里停泊数日后离去。弘化三年（1846年）四月五日，一艘英国船从广东出发来到琉球那霸港，船上有一名英国医生及其妻儿和一名清朝人，一共五人登陆。英国医生说：

>我们奉英国陛下之命来到这里，打算买地定居。我可以在这里给岛上的人治病。

弘化三年五月六日，一艘法国军舰从广东来到琉球那霸港，说在这里等待法国海军将领的到来。弘化三年五月十三日，法国海军将领让-巴蒂斯

让-巴蒂斯特·赛西尔

特·赛西尔率领舰队来到琉球那霸港,向琉球人出示与清朝缔结的条约的副本,要求与琉球通商。琉球地方官说回禀国王之后再做答复。琉球人经过商议,拒绝了法国人的要求。让-巴蒂斯特·赛西尔答复说在奏请法国国王之后,再来琉球商议。之后,让-巴蒂斯特·赛西尔率领舰队离开了琉球。弘化三年(1846年)六月七日,让-巴蒂斯特·赛西尔率领军舰来到日本长崎,要求补给柴薪、淡水、粮食,并递交给长崎奉行一封信,请求日方如果发现法国船遇难,予以搭救,获救的法国人可以委托给荷兰船或清朝船遣返。之后,让-巴蒂斯特·赛西尔率领军舰离开了长崎,前往宁波。让-巴蒂斯特·赛西尔又派一艘军舰到琉球那霸港,接回了一名法国人,前往宁波。

小笠原群岛位于伊豆南面的海上,外国船经常在这里出没。文政十年(1827年),英国船长比彻利乘测量船"布罗索姆"号来到小笠原群岛。以英国国王的名义宣布占有小笠原群岛。其实，早在文禄二年（1593年），日本人已经发现并占据了小笠原群岛。延宝三年（1675年），日本人在八丈岛遇到大风浪，漂到了小笠原群岛。当时，岛上还没有住人，日本人就称小笠原群岛为"无人岛"。后来，日本人也没有在小笠原群岛开展殖民活动。天保元年（1830年），一群欧美人开始在小笠原群岛殖民。领头的是一个叫索沃里的美国人，此外还有英国人、丹麦人和南洋原住民。索沃里在这里定居下来，种菜、种粮，给到这里的外国船补给物资，攒了数千美元。嘉永六年（1853年），马休·佩里率领舰队在小笠原群岛停靠，看到岛上住着三十一个人。此外，法国船和俄国船都来过这里。在日本对外开放港口之前，小笠原群岛和琉球一直是外国船避难和补给柴薪、淡水、食物的地方。随着和清朝贸易量的不断增加，美国迫切需要开辟一条连接太平洋沿岸各州和清朝之间的蒸汽轮船航线。因此，美国人需要把小笠原群岛作为中继地，建设储存煤炭、粮食的场所。

第3章
德川幕府对外政策的变化和海防论

在第二章，笔者讲了德川幕府末期日本海外形势的变化和外国船不断在日本沿海地区出没的大致情况。日本人对这一形势是怎么看的？在这种情况下，德川幕府采用了怎样的对外政策？德川幕府是如何加强国防的？这一形势对日本社会产生了怎样的影响？讲清楚这些问题，对于理解美国海军将领马休·佩里逼迫日本对外开放港口和与美国通商给日本社会和日本政界产生的巨大影响大有裨益。

第1节　闭关锁国的真相

在德川幕府初期，日本人可以和外国自由往来，并且通商活动非常频繁。到了后来，信仰基督教的人越来越多，德川幕府担心葡萄牙对日本的领土有野心，感到自己的统治受到了威胁。于是，德川幕府发布了禁教令。宽永十年（1633年），德川幕府下令：

> 严禁日本船航海到外国，一经发现处以死刑。在国外住了五年以上的日本人可以视作基督教教徒。除有特殊情况者之外，回国的日本人一律处死。

宽永十二年（1635年）五月，德川幕府下令严禁日本人造大船渡海，只允许在长崎和外国人进行贸易活动。宽永十三年（1636年），德川幕府将住在长崎的日本人和葡萄牙人生的三百个混血儿驱逐到澳门。这是德川幕府的禁教措施之一。宽永十四年（1637年），岛原之乱爆发。叛乱的原因就是乱民为了反抗德川幕府的禁教政策。参加岛原之乱的乱民大部分都是基督教教徒。德川幕府认为来自澳门的葡萄牙人是基督教侵蚀日本的源泉。为了断绝葡萄牙人和日本人的联系，在平息岛原之乱后，德川幕府于宽永十六年（1639年）六月下令严禁外国船来日本，来日本的外国船被抓后，日本会将船烧毁，将船上的人员治罪。宽永十七年（1640年）五月，一艘葡萄牙船从澳门出发，来到长崎，请求德川幕府允许和日本重启通商。长崎的日本官吏认为这艘葡萄牙船违反了德川幕府的禁令，逮捕了船上的所有人①，处死了其中的六十一人。日本官吏将船及船上的货物击沉。日方将剩下的十三个葡萄牙人放回澳门，并让他们带信给他们在澳门的长官。之后，德川幕府下令日本沿海地区，以后如果看到葡萄牙船，不必请示，一律击沉。

正保四年（1647年），一艘葡萄牙船从澳门来到长崎，黑田氏、细川氏等藩主请示德川幕府是否击沉这艘船。德川幕府经过调查，得知这艘葡萄牙船是来通知日本葡萄牙国王若昂四世即位一事的，属于使节船。于是，德川幕府命令长崎的官员向这艘葡萄牙船提供柴薪、淡水、大米等物资，告诫这艘葡萄牙船不要再来日本。这艘葡萄牙船只好扬帆离开日本，暂且回澳门去了。此后，葡萄牙船没有再来日本。虽然德川幕府憎恨基督教和葡萄牙人，但并不讨厌对外贸易。其实，禁止一切对外贸易并非德川幕府的本意，在拒绝葡萄牙船来日本之后，德川幕府依然让清朝船和日本继续通商。这是因为德川幕府认为清朝和基督教尤其是天主教没有任何关系。清朝、荷兰和天主教没有关系，都可以和日本进行通商。元禄二年（1689年），德川幕府拒绝和越南通商，是因为越南的书信中有出言不逊之处。

相比之下，葡萄牙人的传教活动和贸易活动关系密切。为了禁教，德川

---

① 共有七十四人。——原注

葡萄牙国王若昂四世

幕府只好牺牲经济利益，禁止日本人出海，不允许葡萄牙船来日本。再者，在葡萄牙人以澳门、果阿为中心掌握东方贸易的霸权时，葡萄牙商船频繁来日本进行贸易活动。日本人从葡萄牙人手中购买了大量的丝织品、香料等奢侈品，大量金银流入葡萄牙人手中。德川幕府认为日本人用贵重的金银换取无用的奢侈品，十分荒唐。据新井白石计算，日本产的黄金的四分之一、白银的四分之三落到了葡萄牙人手中。德川幕府担心如果对日葡贸易听之任之，日本的金银大量外流，会造成国内物价飞涨，幕府财政收支严重失衡。也是因为这个原因，德川幕府采取了闭关锁国政策。然而，这一闭关锁国政策并不彻底。

第2节　德川幕府采取措施加强北部边境的国防

德川幕府为了维护国家安全和自己的统治，最初采取的措施是排斥葡萄牙人、禁止传播基督教。在解除了葡萄牙人对日本的威胁后，对日本的国防安全威胁最大的就是俄国。庆长五年（1600年），松前庆广奉德川家康之命领有虾夷地区。虾夷地区是日本的北部边境，松前氏经过长期的经营，征服了阿伊努人，积累了大量的物质财富，还加固了边防，对阻止俄国南下入侵起到了

松前庆广

最上德内

重要作用。然而,俄国的南侵势头与日俱增。德川幕府对此忧心忡忡。天明六年(1786年),德川幕府派幕府官吏巡视虾夷地区,到达萨哈林岛、择捉岛。宽政三年(1791年),最上德内巡视千岛群岛,到达得抚岛。最上德内看到岛上有俄国人居住,就晓以大义,让他们回到俄国。

长期以来,德川幕府将广袤的虾夷地区交给松前氏经营。松前氏的家臣较少,管理不过来。于是,松前氏将一部分土地承包给商人,向他们收取一定的费用。此后,松前氏逐渐增加承包费用,因而商人们加大了对阿伊努人等的压榨力度,结果导致当地百姓怨声载道。德川幕府派松平正明等到虾夷地区,负责当地的国防工作。松平正明意识到只有善待阿伊努人等当地人才能让他们协助幕府守卫边疆。当地人需要通过商人这个中介,用土特产从虾夷地区以外的日本人那里换取生活必需品。而商人对当地人过分压榨不利于国防安全。因此，松平正明在交易场所派官吏常驻，监督商人的交易行为。松前氏以高压态度对待当地人，不允许他们说日语、穿日本服装。松平正明认为这样做不妥，反其道而行之，并且请医生给当地人治病。松平正明以怀柔的办法来感化当地人。与此同时，松平正明加强兵力，防止俄国人的侵扰。

宽政十二年（1800年），德川幕府派近藤重藏、山田鲤兵卫到择捉岛考察。二人在考察后制订了开发计划，设立了十七个渔场，让夷人在这里捕鱼。之后，海产品源源不断地运出择捉岛。择捉岛的开发走上正轨之后，德川幕府开始着手开发得抚岛。宽政十二年，得抚岛上住着十几个俄国人。有人主张勒

近藤重藏

令俄国人离开，若是俄国人不听从命令，或全部杀死，或抓起来永远监禁。有人出了一条比较稳妥的建议：

> 俄国人在得抚岛是为了从与夷人的交易中获利。我们只要派人检查夷人的船，不让夷人和俄国人交易，俄国人自然会离开这里。

德川幕府采纳了这条建议，严禁择捉岛的夷人到得抚岛和俄国人交易。文化元年（1804年），得抚岛上的俄国人和俄国本土失去了联系，缺衣少食，也无法通过和夷人交易获利。最终，这些俄国人发现在得抚岛无利可图，便离开得抚岛回到了俄国。之后，德川幕府开始开发得抚岛。然而，当时开发择捉岛需要不少人手，德川幕府抽不出人手来大规模开发得抚岛，于是决定每年派官员巡视得抚岛，让夷人在得抚岛从事捕鱼业。

之后，不出数年，俄国频频袭扰日本的北部边疆。俄国认为日本开发择捉岛对俄国的南下战略是一个很大的威胁。因此，俄国在择捉岛周围不断和日本发生冲突。此外，俄国把侵略的矛头转向了萨哈林岛。松前氏早就宣布萨哈林岛是自己的领地，但开发时间较晚。当时，住在萨哈林岛的夷人来到宗谷，用毛皮、鹰的羽毛、青玉等换取日本人的锅和带刃的铁器。在宝历年间，松前氏已经开始经营萨哈林岛了。松前氏驱使夷人为自己捕鱼，作业时间为每年的初夏到中秋，剩下的时间段夷人回到松前。天明六年（1786年），德川幕府派大石逸平巡视萨哈林岛。之后，德川幕府不断派人巡视萨哈林岛，对这里的了解逐步加深。然而，幕府官吏尚未开发萨哈林岛。文化三年（1806年）和文化四年（1807年），俄国人入侵萨哈林岛，逐步占领了萨哈林岛的北部。到了幕末时期，萨哈林岛的归属成为日俄两国的主要外交问题。

为了加强北部边境的安全，德川幕府意识到不能将虾夷地区都委托给松前氏管理，命令松前氏将东虾夷地区上缴给幕府。享和二年（1802年），德川幕府在虾夷地区设立箱馆奉行，加强了对这里的统治。文化三年和文化四年，俄国人侵扰萨哈林岛和择捉岛。德川幕府把西虾夷地区也从松前氏那里要了回来，归幕府直辖。之后，德川幕府将箱馆奉行的办公场所迁至松前氏的城中，改称松前奉行。文化年间末期，俄国人加强了在千岛群岛北部的殖民活动。然而，俄国人并没有入侵虾夷地区，德川幕府这才松了一口气。当时，德川幕府财政困难，没有开发虾夷地区的财力。文政四年（1821年），德川幕府将松前和虾夷地区还给了松前氏，也将守护北部边疆的任务交给了松前氏。据说，这是松前氏通过德川治济请求德川家庆才得以实现的。

第3节 驱逐外国船令及荷兰的忠告

因俄国不断侵袭日本北方边境，德川幕府在宽政三年（1791年）和宽政九年（1797年）号令日本全国，在外国船来到日本之际，要加强防守，但切不可轻举妄动、妄开战端。如果外国船要求补给柴薪、淡水、粮食等，满足其要求，劝其回国。如果外国船蛮横无理、不听规劝，方可炮轰。然而，之后英国船不断侵扰日本的萨摩等地，俄国船不断侵扰日本北部边境。文政八年（1825年）二月，德川幕府再次下达驱逐外国船令，规定如果外国船进港，就炮轰；如果外国船的船员登陆，格杀勿论。之后的十几年间，外国船一靠近日本的港口，就会遭到炮轰，来日本的外国船越来越少。天保十二年（1841年）七月，日本肥后人寿三郎在海上遇到暴风雨，他乘坐的船损毁，结果遇到莫里逊，因而得救。寿三郎乘坐着莫里逊的军舰来到浦贺及鹿儿岛，却遭到日本守军的炮轰。寿三郎只好乘着莫里逊的军舰到了澳门。之后，寿三郎在澳门写了一封家书，托停泊在澳门、准备前往日本的清朝船将家书带给自己在日本的父兄。长崎奉行柳生久包得到了这封信，信中写道：

> 我一个人在澳门举目无亲，思念你们，归心似箭，怎奈无法回到日本。

柳生久包读后深受感动，将这封信呈递给德川幕府。老中水野忠邦、土

土井利位

井利位、堀田正睦等依然坚持执行文政八年（1825年）的驱逐外国船令。只有真田幸贯主张：

> 驱逐载着日本难民的外国船是不仁之举，致使日本难民寿三郎只身留在澳门。我们应该让莫里逊的船把寿三郎从澳门送回来，给该船提供柴薪、淡水、粮食。

德川家庆认可真田幸贯的主张。加之，第一次鸦片战争的消息传到了日本，德川幕府开始忌惮列强的实力，命令日本沿海的大名要善待外国船，劝其离开日本，不得轻启战端。与此同时，德川幕府告诫日本沿海的大名加强海

彼得·艾伯特·比克

防。天保十四年（1843年）八月，德川幕府让时任甲必丹彼得·艾伯特·比克通知各国：

> 外国船将日本难民送还日本时，需要使用清朝船或者荷兰船。其他国家的船一律不准接近日本海岸，日本也不会接受船上的日本难民。载着滞留澳门的日本难民的外国船也不例外。

第一次鸦片战争后，游弋在亚洲海域的英国、法国、美国的各种船不断增加，这对于德川幕府执行的闭关锁国政策来说是一个巨大的挑战。弘化元年（1844年）六月，巴达维亚总督通知留在长崎的彼得·艾伯特·比克，有一条船带着特殊使命从荷兰本土到日本。德川幕府闻报，命福冈藩、锅岛藩加强戒

荷兰国王威廉二世

备。弘化元年（1844年）七月，荷兰使节科普斯率领一艘军舰进入长崎港。科普斯通过长崎奉行伊泽政义，将一封信递交给德川幕府。这是荷兰国王威廉二世写给征夷大将军德川家庆的亲笔信。在信中，威廉二世告诉德川家庆：

> 第一次鸦片战争清朝败给英国，开放了五个港口。欧洲人口不断增加，技术日新月异，必然要开拓亚洲市场。第一次鸦片战争对于日本来说殷鉴不远。欧美列强的船不断出现在日本附近，稍有

不慎就会爆发战争。希望将军殿下切勿轻启战端。国际形势瞬息万变，欧洲发明了蒸汽轮船，交通更加便利，各国相互交往是世界大势，闭关锁国并非明智之举。我和将军殿下说这么多，是因为日本与荷兰有着两百年的友好交往历史。

信中的内容言辞恳切，发自肺腑。此外，荷兰军舰还带来了大量礼物。德川家庆接到这封信后，召集老中们讨论，结果议而不决，只能告诉科普斯先回国复命，日本会将决定告诉彼得·艾伯特·比克。弘化二年（1845年）六月，德川幕府将一封信交给彼得·艾伯特·比克，信中写道：

日本自古以来只和朝鲜、琉球互通信函。因此，德川幕府不能给荷兰国王写回信。陛下言辞恳切，我代表日本国表示感谢。您送来的厚礼我们也收下了。此后，希望陛下不要再来信了，有伤和气。我们不能因一时之故改变祖宗之法。

德川家庆在回信中没有明确指出是否接受荷兰国王的忠告，但从之后的情况来看，德川幕府还是打算因循守旧。

第4节 闭关锁国政策开始松动

欧美列强在东亚的一系列举措已经不允许日本维持闭关锁国政策。英法两国频繁派船到琉球要求通商。更有甚者，法国要求在琉球传播基督教。这两个条件都违背了德川幕府的法令。琉球不想答应英法的要求，但琉球狭小势弱，无法抗争，只能通过萨摩藩向德川幕府告急。当时萨摩藩藩主岛津齐兴的长子岛津齐彬非常开明，通晓国际形势，意识到闭关锁国无以为继，但日本的国内形势还不允许日本对外开放。于是，岛津齐彬采取措施，压制藩内的反对派，和外国通商，使萨摩藩富强起来，一展雄图。德川幕府的老中阿部正弘召

阿部正弘

集老中们商议如何处理琉球的事情。有人主张琉球同样适用于闭关锁国政策，有人则主张：

> 琉球奉清朝为正朔，是日本和清朝共同的附属国，是化外之地。在处理琉球问题上，日本和清朝的意见有可能不一致。日本的国力和国防力量都很薄弱，不如听之任之。

岛津齐彬看出德川幕府苟且偷安的真实意图后，向幕府建议答应法国的要求，允许琉球与法国通商。岛津齐彬的目的是通过琉球与法国的通商活动为

岛津齐彬

萨摩藩谋利。琉球狭小，物产不多，无法满足法国的需求。于是，岛津齐彬请求德川幕府恢复与清朝的贸易，这样就可以获取足够的物资满足法国的贸易需求。岛津齐彬的真实意图是借着与清朝开展贸易的名义，用萨摩藩内的产物和英法进行贸易，从中获利。因为英法本身也和清朝进行贸易。弘化三年（1846年）五月，德川幕府的老中们经过商议后同意了岛津齐彬的建议，并委托岛津齐彬处理琉球事宜。水户藩藩主德川齐昭听说这件事情后，对德川幕府做出的这一决定表示不满。法国人也清楚从琉球获取的利益有限，在让-巴蒂斯特·赛西尔离开琉球后没有再逼迫琉球与法国建立外交关系。德川幕府虽然允许外国与琉球通商、通信，但绝对禁止列强在琉球传播天主教。岛津齐彬为了让琉球的法国传教士离开琉球，利用琉球是清朝的附属国这层关系，也利用了清朝的虚荣心,让琉球人拜托清政府和常驻广州的法国公使进行交涉。结果,法国公使派人将琉球的法国传教士接走了。让德川幕府头疼的琉球问题总算解决了。此后,欧美列强开启了逼迫日本放弃闭关锁国政策的端绪。

第5节 德川幕府殚精竭虑维护祖宗之法

闭关锁国政策难以为继,这颇让德川幕府的老中们伤脑筋。在幕末时期,幕府官员们的施政方针就是维护祖宗之法。自古以来,日本人就有崇拜祖先的传统。对于德川幕府来说,德川家康是"神祖",卓绝、伟大。德川家康的子孙们把德川家康制定的制度奉为百年大计和永不磨灭的真理。因此,尽管时过境迁,闭关锁国政策已经不适应时代的要求了,德川幕府的征夷大将军和官员也不愿意改变祖宗之法。这是因为改变祖宗之法是对祖宗神灵的尊严的冒渎。因此,德川幕府宁愿逆潮流而动也要墨守祖宗之法。

弘化二年(1845年)三月,长崎奉行伊泽政义在赴任之际,就如何对待来到长崎的外国船这一问题写信给德川幕府,请求给予指示。一直以来,外国船来到长崎之后,长崎奉行命令外国船停泊在长崎港外的神岛,不允许其进入长崎港内。然后,长崎奉行派官吏问明外国船的来意。在确认外国船没有歹意之后,按照日本的法律暂时收缴外国船的武器弹药,而后才允许外国船进入内港。然而,外国船大多不肯接受日方的上述条件,双方进行交涉,耗时很长。因此,伊泽政义建议德川幕府:

> 为了节省精力、减少交涉时间,在确认外国船没有恶意之后,不必收缴外国船的武器,让其直接进入长崎的内港。这样可以避免和外国船发生摩擦。

德川幕府的老中们经过讨论之后,否决了伊泽政义的建议。伊泽政义又上书说:

> 如果外国船肆意开枪，乘舰载小船在港内横行或者测量，我方可以警告。如果外国船不听从，我们就采取断然措施，以示国威。

德川幕府采纳了伊泽政义的这一建议。从上述内容可以得知，在对待外国船频繁来日本的问题上，德川幕府内部存在着保守和革新两种势力。在处理上述的琉球事件时，德川幕府高层的态度也模棱两可。然而，维护闭关锁国的祖宗之法的势力根深蒂固。弘化二年（1845年）六月，德川幕府写信回复荷兰国王说："我们日本国不能改变祖宗之法。"实际上是拒绝了荷兰国王的忠告。

德川幕府还采取加强海防等切实措施来维护祖宗之法。弘化二年七月，德川幕府任命两名老中、两名若年寄、勘定奉行等负责海防事务。外国军舰频繁光顾日本沿海地区，给德川幕府和各藩国带来了恐慌。当时的日本人以猜疑的心态看待欧美人，意识到欧美人的枪支和火炮十分精良。因此，即便是一艘捕鲸船进入港内请求补给柴薪、淡水、粮食，日本人也会在岸上配置大量兵力，严阵以待，还派出大量兵船将外国船团团围住。这样一来，日方不仅耗费大量钱粮，还闹得沸沸扬扬，举国疲惫不堪。因此，沿海各藩财政消耗颇大，疲惫不堪，百姓怨声载道，纷纷指责德川幕府废除驱逐外国船令有诸多弊端。实际情况也是如此，外国船看到日本废除了驱逐外国船令，来日本的次数就更加频繁了。

由于德川幕府废除了驱逐外国船令，负责海防的各藩国在执行驱逐外国船的任务时举棋不定。因为德川幕府既禁止沿海地区的各藩国轻启战端，又警告这些藩国：

> 如果有的外国船桀骜不驯，不遵守日本国法，要做好与外国船不惜一战的心理准备。

因此，负责海防的各藩国采取了下述措施：

即便看出外国船没有歹意，日方也要出兵，以防万一。

因而沿海各藩国耗费钱粮，疲惫不堪，不堪重负。然而，德川幕府已经让荷兰人通知欧美各国日本已经废除了驱逐外国船令，朝令夕改必然失信于人。如果德川幕府一意孤行，依然炮轰外国船，外国人必然指责德川幕府不仁不义，会大举犯境。

在这种情况下，德川幕府召开会议，商议是否应该恢复驱逐外国船令。在会议上，有的老中指出日本海防措施薄弱，等海防加强后再恢复也不迟。德川幕府最终采纳了这一建议，开始加强江户港的防护措施。天保十三年（1842年）八月，在废除驱逐外国船令之后，德川幕府命松平齐典和松平忠

松平齐典

彦分别镇守相模和安房、上总。弘化三年（1846年）八月，德川幕府派人视察浦贺的防守情况。弘化四年（1847年）七月，德川幕府提高了浦贺的行政级别，将其作为江户的大门。德川幕府又派户田氏荣等把守江户港。弘化四年二月，德川幕府命令井伊直亮和松平容敬协助松平齐典和松平忠彦防守相模和安房、上总。当时，松本胤通指出：

> 外国船即便不袭击江户湾，只要在江户附近的海面游弋，就可以切断江户的海上运输路线。江户的生产能力不足，一切生活用品都依

井伊直亮

松平容敬

靠地方供应。一旦物资运输路线被切断,数百万市民会挨饿、受冻。我日本没有专门用来驱逐外国船的大船,这是一个巨大的隐患。

嘉永二年(1849年),德川幕府再次讨论炮击驱逐外国船的问题。嘉永二年三月,德川家庆及世子德川家祥①率领老中等幕府官员在下总小金原游猎。这一游猎活动有利于鼓舞幕府武士的士气。这也是德川幕府为了维护祖宗之法、加强国防采取的一项措施。嘉永元年(1848年)七月,逗留琉球的法

---

① 德川家祥,后来改名为德川家定。——原注

国人撤走的消息传到江户，德川幕府上上下下松了一口气。直到此时，尽管明知日本的国防十分薄弱，德川幕府仍然一直墨守闭关锁国这一祖宗之法。如果不加强国防，外国会变本加厉地觊觎日本国土，并且每来一艘外国船，德川幕府和各藩国耗费兵力、钱粮，疲于奔命，苦不堪言。德川幕府意识到长此以往，日本的国力会消耗殆尽。

在文政年间，来日本沿海的外国船多是捕鲸船、商船，没有充足的武器弹药。外国船也知道靠近日本海岸会遭到炮击，很危险。因此，尽管有各种不便，外国船还是尽量避开日本沿岸。而到了嘉永年间，列强在东亚不断扩张，军事实力大大增强。德川幕府对这一情况不太了解，决定通过恢复驱逐外国船令永绝后患。因此，德川幕府做出这一决定具有投机性质。德川幕府发出布告，晓谕幕府直辖领地和各藩国的各阶层与幕府精诚合作，共赴国难。与此同时，德川幕府让常驻出岛的时任甲必丹约瑟·亨利·莱菲松想办法通知欧美各国，德川幕府已经恢复了驱逐外国船令。

第6节　幕府重臣和水户藩藩主德川齐昭的关系

幕末时期开始出现革新势力。这是当时社会组织发生变化导致的必然结果。革新势力首先出现在藩国层面，之后渐成气候并震撼日本全国。在天保年间之后，很多藩国陆陆续续着手改革内政。藩国的内政改革是在藩主或者藩国重臣的主持下进行的，内政改革的目的不是破坏旧制度，而是维护祖宗之法。为此，需要革除祖宗之法中的不合理之处，使祖宗之法适应时代的要求。藩国中对现行制度不满的一派对改革表示支持，成为藩国的革新派。藩国中的保守派安于现状，反对改革。藩国中的革新派和保守派经常发生冲突。后来，革新派和保守派分别演变为勤王派和佐幕派。文政十二年（1829年），水户藩藩主德川齐脩死后，其弟弟德川齐昭继承水户藩藩主之位。德川齐昭将大部分精力放在了藩国的内政改革上，鼓励勤俭节约，救济生活困难的藩士，鼓励藩士练武，提振士风。水户藩中的保守派对德川齐昭的改革措施十分不满。德川齐

藤田东湖

昭重用藤田东湖等谋臣，排佛崇儒。僧人们和保守派联手，伺机发动政变，让德川齐昭隐居，立德川齐昭的嫡子德川庆笃为藩主，恢复旧制度。

天保十四年（1843年）五月，德川家庆召见德川齐昭，赐予德川齐昭大量物品，以示对他革新藩政卓有成效的嘉奖。然而，在弘化元年（1844年）六月，德川幕府下令，命德川齐昭在江户的藩邸蛰居，理由是：

> 近年来，德川齐昭骄慢，任意改变藩国制度，有悖于幕府法制，与各藩国的表率御三家[①]的作风不符。着令德川齐昭的嫡子德川庆笃继任水户藩藩主之位。

[①] 御三家，指德川氏中除德川将军家外拥有幕府将军继承权的三大旁系，分别是尾张德川家、纪伊德川家、水户德川家。

与此同时，德川齐昭的股肱之臣藤田东湖等也被软禁在家。究其原因，德川幕府的老中水野忠邦赞成改革，支持德川齐昭，建议德川家庆嘉奖德川齐昭。然而，水户藩的僧人们和保守派走德川家庆内眷的门路，在德川家庆面前进德川齐昭的谗言，导致德川齐昭被贬。水野忠邦建议德川家庆宽恕德川齐昭。天保十四年（1843年）九月，水野忠邦命江户和大阪周围的藩国上缴部分土地，遭到大名们的强烈抵制，不得不辞职。德川齐昭因与水野忠邦是一派的，一直蛰居，没有被豁免。

藩国内部革新派和保守派斗争激烈，德川幕府内部也是如此。阿部正弘接替水野忠邦做了首席老中，主持幕府政务。阿部正弘是保守派的代表，头脑灵活，意识到在外患频仍之际，不能无视德川齐昭的势力。在日本国防虚弱、外敌当前的情况下，日本全国从藩主到藩士仰慕德川齐昭的人颇多，都希望德川齐昭能够东山再起，力挽狂澜。尽管阿部正弘是保守派的代表，但想让德川齐昭为自己所用，以便平衡保守派和革新派的势力，确保日本的和平。然而，保守派强烈反对阿部正弘的做法，阿部正弘只能称病不出。德川家庆数次召唤，阿部正弘才出勤。阿部正弘对德川家庆说：

> 我还年轻，上任不久，不辨是非，冤枉了德川齐昭。希望将军赦免德川齐昭。

于是，德川家庆赦免了德川齐昭。天保十四年十一月，阿部正弘建议德川家庆让德川齐昭的儿子德川庆喜做一桥家的嗣子。之后，阿部正弘命水户藩藩主德川庆笃让德川齐昭参与水户藩的政务，调和藩内保守派和革新派的关系，防止发生内讧。德川齐昭最关心的就是加强日本的国防，阿部正弘经常就如何防御外国入侵这一问题征询德川齐昭的意见。因此，水户藩对德川幕府的外交政策影响很大。正是从这个时候起，水户藩在外交上开始倾向于攘夷论。

德川庆喜

第7节 德川齐昭的攘夷论和与幕府重臣的关系

　　德川齐昭先天下之忧而忧，在外交上有真知灼见，在日本全国声名赫赫，德高望重。阿部正弘和德川齐昭接近并救出德川齐昭也在情理之中。从弘化二年（1845年）冬天开始，阿部正弘经常在外交政策上向德川齐昭请教。凡是日本发生重大事件，老中等幕府官员都会向御三家等亲藩通报。由于德川齐昭协助德川庆笃处理藩政，也能看到这些重要信函。德川齐昭经常给阿部正弘写信，谈及国防和外交问题。德川齐昭深受水户学[①]的熏陶，民族自尊心很强，在信中贬低外国人：

> 外国人都是夷狄禽兽，诡计多端，觊觎日本领土已久。外国人入侵我日本的手段是传播天主教和与我日本通商。然而，我日本士风颓废，武备废弛。我们应该激励武士振作起来，维护日本国的独立。俄国对我日本的北疆虎视眈眈，我们应加强那里的国防力量。我主张攘夷，但反对盲目地与外国人发生冲突，轻启战端。我日本没有大舰、大炮，外敌有可能乘虚而入。希望早日予以充实。遗憾的是，宽永年间幕府下令禁止建造大船，这导致我日本航海技术落后。我建议应该允许国人建造大船。

德川齐昭的这些建议有颇多可圈可点之处。然而，德川幕府的官员们墨守祖宗之法，很难采纳这些建议。德川齐昭还意识到大炮和火枪是不可或缺的武器，于是将水户藩内的寺庙里的大钟做成了大炮和火枪。德川齐昭时刻关注国际形势，听说了第一次鸦片战争后，更加深了对欧美人的戒心，脑海里的攘夷思想更加根深蒂固。德川齐昭屡屡建议阿部正弘恢复驱逐外国船令，德川幕府对这一建议极其重视，在会议上开始讨论此事。

第8节 兰学家的海防论

德川齐昭的攘夷论对德川幕府的决策有很大的影响。然而，当时的幕府官员及德川齐昭的外交观并非所有日本人的意见。当时，日本学术界有一派叫兰学[②]家，兰学家具有远见卓识。兰学家有很多派别，在政治上的话语权非

---

① 水户学，是一种在日本水户藩形成的学问，起源于第二代水户藩藩主德川光圀编修《大日本史》的活动。水户学注重大义名分，扶植了尊皇思想，是明治维新的原动力之一。
② 兰学，是日本德川幕府时代经荷兰人传入日本的学术、文化、技术的总称，字面意思为荷兰学术，引申可解释为西洋学术。

常微弱。后来,美国海军将领率军舰来到浦贺。德川幕府依然坚持闭关锁国的祖宗之法,水户藩还是主张攘夷论。然而,这两种做法都无法应对这一危机。此时,日本朝野上下主张对外开放的"开国论"开始抬头,兰学家是其中的主力。

德川吉宗继任征夷大将军之后,解禁兰学,允许人们阅读兰学书籍。之后,日本学术界开始对儒学敬而远之,把精力放在研究兰学上,在天文、地理、医学上取得了长足的进步。兰学家进而开始研究欧美各国的政治问题和现状。兰学家对欧美列强的国富兵强感到震惊,对"西力东渐"的势头感到恐惧。与此同时,兰学家深感日本国防薄弱,对德川幕府的昏聩无能表示忧愤。天保年间,兰学家之间开始兴起海防论。兰学家了解一些国际形势,并据此提出了一些主张。然而,兰学家在政治上处于无权地位,无法实施自己的主张。德川幕府一味坚持闭关锁国政策,与兰学家的主张大相径庭。不过,当时的兰学家仅是处于纸上谈兵的阶段,还不至于与德川幕府发生冲突。然而,一涉及实际问题,德川幕府就开始压制兰学家的言论。天保九年(1838年),渡边华山和高野长英被投入监狱就是明证。

每年荷兰船将记录欧洲社会的各种新闻的"风说书"运到长崎。长崎奉行命人将这些书籍翻译成日语版本,当时的幕府官员读后耳目一新。而一些冥顽不化的幕府官员会审阅"风说书",在删减对幕府不利的内容之后将其送到江户。兰学家通过一些渠道得到了"风说书"的日译本,并以此为根据,议论日本的政治形势。天保九年的荷兰"风说书"中记录了莫里逊送日本难民回日本的事情。兰学家渡边华山和高野长英分别写了《慎机论》和《戊戌梦物语》讨论此事,在社会上广为传播。渡边华山和高野长英的政见与德川幕府的政策发生了冲突。德川幕府以妄议国政、蛊惑人心为名,将渡边华山和高野长英投入监狱。当时,有的藩主命家臣学习兰学,购买、储藏并翻译有关枪炮等的兰学书籍,并在藩政中积极应用兰学。甚至有藩主指出德川幕府的武备薄弱。德川幕府担心这些藩主有不臣之心。因此,德川幕府认为兰学是祸根。为了斩断这一祸根,德川幕府将渡边华山和高野长英投入监狱,以儆效尤。儒学家视兰学家为眼中钉、肉中刺，称兰学是国家大患，建议德川幕府禁止兰学。当时负责天文工作的幕府官员涩川景佑精通兰学，他上书德川幕府：

> 兰学有用，不宜禁止兰学，幕府应该垄断兰学，为己所用。各大名的家臣除学习兰学中的医术之外，其他内容不允许接触。

这一建议与幕府高层的想法不谋而合，之后德川幕府发布了管制兰学令。当时，有一个叫古贺侗庵的学者提出了海防论。在当时的人看来，其中不乏真知灼见，做到了知己知彼。古贺侗庵的海防论大意如下：

> 运用大舰开展海战是洋人所长，而陆地作战占优势的是我日本军队。因此，不要在海上与洋人作战，等洋人上岸后，电闪雷击般将洋人消灭。

今天我们仔细分析其中的内容，就可以发现这个论点站不住脚。陆战需要枪支，而当时日本人基本上还处于冷兵器时代，根本无法抵挡洋人的进攻。德川幕府闭关锁国，学不到新技术，无法抵御外患。接着，古贺侗庵指出：

> 幕府官方炮击驱逐外国船，日本沿海的渔民却偷偷地与洋人做生意，并不觉得洋人可恨。幕府应该指出洋人的危害，统一民心，同仇敌忾，众志成城。一直以来，我们抓住洋人之后，很快就放还了。这样做很不合适。我们应该善待俘虏，向他们请教世界形势。要想抵御外患，需要坚船利炮。为此，我们必须和洋人做贸易，积累财富，购买先进武器。如果一味闭关自守，就无法抵御洋人的入侵。

在当时，这些观点都属于远见卓识，振聋发聩。

第4章

美国海军将领出使日本

第一次鸦片战争后,欧美列强对日本虎视眈眈,令德川幕府感到了巨大的压力。德川幕府意识到必须采取应对措施,确保日本的安全。嘉永六年(1853年)六月,美国海军将领马休·佩里率领军舰来到日本浦贺。这一事件给日本的政治、经济、社会带来了极大影响,为幕末革新提供了契机。

第1节 美国使节来日本的目的及荷兰向幕府预警

一直以来,出于下述原因,美国想和日本建立外交关系:其一,美国捕鲸船经常在日本近海从事捕鲸作业,美国希望捕鲸船受到保护;其二,美国和清朝的贸易不断扩大,需要开辟新航线;其三,和日本通商。1824年,美国和俄国签订条约,允许互相在对方的海域捕鱼。之后,在太平洋和日本近海捕鲸、捕鱼的美国船不断增加,多达一千二百艘,从业人员达三万五千人。美国的捕鲸船、捕鱼船经常遇到风浪,需要避难之处。另外,美国捕鱼船需要能够补给柴薪、淡水、粮食的地方。由于日本不允许美国船入港,美国船只好停泊在小笠原群岛。因此,美国要求德川幕府开放港口。而德川幕府粗暴地对待莫里逊等,激怒了美国政府。因此,美国政府决定派军舰来日本,逼迫德川幕府开放港口。1844年,美国和清朝缔结通商条约,之后两国的贸易额不断扩大。1848年,加利福尼亚地区发现金矿,去美国务工的清朝劳工数量不断增加。自然而然地,美国希望开辟从旧金山前往清朝的蒸汽轮船直航航线,从而可以避开经大西洋、地中海、印度洋的迂回航线。然而,由于航线长,蒸汽轮船上放不下所需的煤炭,需要在航线中间建储存煤炭的场所。因此,美国逼迫德川幕府开放港口,满足美国的这些需求。

西方人读了《马可·波罗游记》之后,相信日本盛产金银。葡萄牙人以澳门为根据地,与日本进行贸易,大发横财。这一事实也让其他的欧美列强垂涎三尺。因此,美国逼迫日本与其进行通商。到了1850年,美国议会做出决议,决定以武力胁迫的方式逼迫日本向美国开放港口。当时美国东印度舰队的司令官是马休·佩里。美国总统米勒德·菲尔莫尔将写给日本征夷大将军的信

马休·佩里

美国总统米勒德·菲尔莫尔

函和马休·佩里的委任状及汉语、荷兰语的翻译文本交给马休·佩里。美国政府在派马休·佩里到日本之前,将此事通知了荷兰政府,请求荷兰政府予以协作。荷兰政府答应了美国的请求。英国海军部对马休·佩里的行动表示支持,向马休·佩里提供了当时最新的海图,并指明了前往日本的航线。

长期以来,荷兰垄断了与日本的贸易,经常受到欧美列强的猜忌。欧美列强怀疑荷兰一直让日本闭关锁国,独享通商之利。其实并非如此,荷兰一接到来自美国的通告,就再次尝试劝说德川幕府向美国开放港口。这对美国促使日本开放港口获得成功起到了积极的作用。嘉永五年(1852年)六月,新任甲必丹简·亨德里克·唐克·柯蒂斯给长崎奉行牧义制带来了巴达维亚总督的一封信。牧义制感到事关重大,让简·亨德里克·唐克·柯蒂斯将这封信呈给德川幕府。德川幕府经过商议,令牧义制受理这封信。牧义制让人将这封信翻译成日文,信的大意是:

简·亨德里克·唐克·柯蒂斯

美国使节要来日本，荷兰希望日本不要和其他国家轻启战端，圆满解决这件事情。我们不能保证美国会以友好的态度与日本交涉。来日本的军舰上有海军陆战队。新到任的甲必丹做你们的顾问，有事尽管向他咨询。

简·亨德里克·唐克·柯蒂斯问牧义制打算怎么办？牧义制说：

此事只有等幕府派特使前来下达具体指示后才能采取措施。

第2节　美国海军将领在琉球和小笠原群岛的行动

嘉永五年（1852年）十一月二十四日，马休·佩里率军舰前往日本。马休·佩里本来打算率领数艘军舰来日本，但因种种原因，只能率一艘名为"密西西比"号的军舰经好望角和新加坡等地，一边补充煤炭、粮食，一边前往东亚海面。嘉永六年（1853年）二月二十八日，"密西西比"号抵达澳门。

"密西西比"号

嘉永六年（1853年）二月二十九日傍晚，"密西西比"号抵达香港。"密西西比"号在香港和另外两艘美国军舰及一艘运粮船会师。马休·佩里听说执行这次任务的旗舰去了上海，就花了十几天时间考察澳门和广东。嘉永六年五月四日，马休·佩里到达上海。当时，上海的外国人担心太平天国的部队攻打上海，人心惶惶。马休·佩里将军舰"朴利茅斯"号留在上海，用于保护美国侨民。之后，马休·佩里转乘旗舰，率领另外两艘军舰和一艘运粮船于嘉永六年五月二十六日抵达琉球那霸港。琉球人看到美国船来到这里，立刻派两个人前去拜访马休·佩里。马休·佩里早有心理准备，对来人说：

> 如果不是琉球的大官亲自来，我不会接见。

琉球来使只好怏怏而归。迫不得已，琉球的摄政来到军舰上拜访马休·佩里，会见进行了一个半小时。之后，马休·佩里派了三个小组登岛探险，岛上的人不敢阻拦，美军士兵犹如闲庭信步。嘉永六年六月六日，马休·佩里拜访琉球的首都首里。琉球国王尽管很不情愿马休·佩里来到这里，还是在王宫接待了马休·佩里。马休·佩里赠送了琉球国王和王后一些礼品，之后离开琉球王城，回到旗舰上。嘉永六年六月九日，马休·佩里率领包括后来赶来的另一艘军舰在内的四艘军舰前往小笠原群岛。马休·佩里为了把小笠原群岛建成美国与清朝贸易航线的中继站，采取了下述措施：

> 派人测量海港内海水的深度，给岛民果树树种，让他们在岛上种树，还将牲畜放在岛上，让岛民饲养，给岛民农具，让岛民种地。之后，马休·佩里还选了一个地方建煤炭储存站。

第3节　浦贺湾头的斗争

嘉永六年七月八日，马休·佩里率领四艘军舰出现在相模城岛海面。为

户田氏荣

了防备日方采取敌对行动,马休·佩里命四艘军舰做好战斗准备,打开炮口,装上炮弹,哨兵及其他士卒都做好了战斗准备。浦贺奉行户田氏荣的小吏们一看到马休·佩里率领的"黑船"在湾内航行,就率领几艘小船予以阻止。小吏们看到马休·佩里的军舰不使用船桨逆风疾驶,眼看着就驶入了浦贺湾内的千代崎,吓得呆若木鸡。这时,陆地炮台上的日方士兵赶紧放号炮。听到号炮,日方士兵赶紧各就各位,准备战斗。户田氏荣急忙派部下到美国军舰上询问来意,美国人说:

我们只允许本港口的最高长官上船。

美国人不让小吏靠近军舰,小吏中的中岛三郎助自称是浦贺港的次官,美国人这才允许中岛三郎助一人上船。马休·佩里让中尉接见了中岛三郎助。美国人告诉中岛三郎助:

我们带来了美国总统写给征夷大将军的信函,你让浦贺奉行亲自来船上,将信函的副本拿走。

中岛三郎助

日本木刻版画描绘的马休·佩里（中）及其军官

中岛三郎助劝美国人前往长崎，马休·佩里严词拒绝。美国人根本不让日本巡逻船靠近军舰，如有违令者立刻武力驱逐。以前的美国海军将领比德尔对日本人采取了温和的态度，结果没有达到让日本人开放港口的目的。马休·佩里吸取了这一教训，以高压式态度对待日本人，让日本人感到美国人是不好惹的。与此同时，为了登陆浦贺，马休·佩里做好了动用武力的准备，势在必得。

这一夜，浦贺湾头的光景十分凄惨，山岭上点燃了烽火，向周围示警，警钟也响起来了，彻夜不停。在当天21时，美国军舰放了号炮，岸上的日本士卒大吃一惊，为了躲避美军炮弹，日本人将烽火熄灭。嘉永六年（1853年）七月九日早上，小吏香山荣左卫门诈称自己是浦贺奉行，拜访美国军舰。马休·佩里依然让部下代替自己接见所谓的浦贺奉行。香山荣左卫门对美国人说：

按照德川幕府的规定，不准在浦贺接受美国的国书，美国军舰应该去长崎递交国书。

美国人恫吓说：

我们的使命就是不惜动用武力登陆、递交国书。

香山荣左卫门只好承诺：

请给我们三天时间，我们请示德川幕府。

之后，香山荣左卫门回到岸上复命。日本人在岸上忙于备战，美军士兵不顾日方劝阻，在湾内测量水深。日军小船能远远地静观。到了晚上，日军再次点起了烽火。德川幕府早已接到了警报，也掌握了这几天日方和美方接触的详细经过。德川幕府上上下下陷于惊愕恐慌之中。户田氏荣上书德川幕府：

此番美国军舰来者不善，希望幕府指示是否接受美国国书。如果固守祖宗之法，拒绝接受国书，浦贺防卫设施虚弱，无法抵御美军的进攻。希望幕府灵活应对。

江户市民听说这一消息后，陷入恐慌之中，担心战争一触即发。当时，上上下下最担心的是美军怀有野心，会进入江户内海，于是很多江户市民扶老携幼逃离江户。这是因为一旦美国军舰封锁江户内海，江户和日本各地的海上交通就会被切断，物资运不进江户，会导致数百万生灵挨饿。德川幕府召开会议，会议上有不少重臣指出：

如果不答应浦贺湾内的美国人的要求，美国军舰肯定会来江户，江户的兵力无法抵御美国军舰的进攻。这一点几乎没有商量的余地。美国军舰来日本的目的到底是什么还不得而知。如果美国人怀有敌意，要进攻我们，我们只有以死相拼。

德川幕府做好了最坏的打算，赶紧加强内海的防备。与此同时，德川幕府接到户田氏荣的信后，也意识到：

美国人是不会去长崎的，如果固守祖宗之法，可能会开启战端。

于是，德川幕府做出退让，派特使接受美国的国书。户田氏荣误会了马休·佩里的意思。马休·佩里的意思是将自己的委任状和美国国书的副本交给浦贺奉行，而自己要亲自去江户向征夷大将军递交国书。后来，经过香山荣左卫门的再三交涉，马休·佩里才同意在浦贺接见从江户派来的特使，递交国书正本及国书和委任状的副本。德川幕府命井户弘道到浦贺接见马休·佩里，接受美国国书，并在不失国体的前提下，让美国军舰早日撤走。与此同时，德川幕府下令加强浦贺湾内和江户湾内的守备。井户弘道来到浦贺之后，在浦贺西面的久里滨选了一块地方建了一座房子，用来接见马休·佩里。美国人的两艘军舰在进一步靠近久里滨之处抛锚，会见场所因而置于美国大炮的射程之内。日本人在岸上用印有征夷大将军的家徽的幔帐将会见场所围起来，周围插满了德川幕府及负责警备的守将们的旗帜。海岸上有五千名拿着刺刀的日本士兵严阵以待，海面上有两百艘日本小船监视着美国军舰。马休·佩里挑选了三百名身着正装的美军士兵随自己前往会见场所。马休·佩里一离开军舰，军舰上就放了十三声礼炮以示祝贺。马休·佩里上岸后，在诈称是浦贺奉行的香山荣左卫门的引领下来到会见场所。马休·佩里将美国总统写给征夷大将军的信、自己的委任状及自己写给征夷大将军的信交给了井户弘道。井户弘道让香山荣左卫门将征夷大将军的书信交给马休·佩里，信中写道：

马休·佩里上岸

马休·佩里来到会见场所

> 按照祖宗之法，我幕府接受国书的地方是长崎，而不是浦贺。念美国使节远路辛苦，姑且破例在这里接受国书。不过，事关重大，我们需要慎重考虑。按照祖宗之法，我日本接待外国使节的地方不是这里，恕我们不能在这里对国书内容做出答复。希望贵使节尽速返航，离开日本。

之后，马休·佩里让井户弘道带话给征夷大将军：

> 我暂且率领军舰离开这里，前往琉球和中国广东。明年阳历的四五月，我会再来日本，听取幕府的答复。

说完，马休·佩里站起身走出室外，日本全权代表起立目送。接见马休·佩里、接受国书不足三十分钟就结束了。马休·佩里对成功地让德川幕府接受美国国书感到自豪，马休·佩里没有逼迫德川幕府的全权代表井户弘道对美国国书的内容做出答复就率军舰离开了日本。马休·佩里这样做的原因有两个：其一，给德川幕府充分的考虑时间；其二，自己的军舰上没有足够的粮食。当时，清朝的太平天国运动如火如荼，马休·佩里需要回上海保护美国侨民。之后，马休·佩里并未遵照征夷大将军信中的"尽速返航"的要求行事，而是命令军舰深入浦贺内湾测量水深。这让德川幕府吃惊非小。德川幕府悄悄下令沿岸藩国加强戒备。江户城中人心惶惶。马休·佩里在测量水深后，率军舰离开浦贺前往琉球。由上述可知，事实上，在接见马休·佩里这件事情上，德川幕府对美国做了让步。这是德川幕府放弃闭关锁国政策的第一步。

第4节　幕府对美国国书的态度及日本舆论的倾向

美国总统在给征夷大将军的信中写道：

日美两国应该相互通信、通商。美国距离日本很近，通过蒸汽轮船来日本易如反掌。日美两国的物产都很丰富，互通有无的话会获利颇丰。然而，长期以来，日本闭关锁国，与当今世界大势背道而驰。希望日本顺应世界大势，早日对外开放。美国的捕鱼船有时在日本近海遇难，希望予以救助。有很多美国商船与清朝进行贸易，希望日本向美国开放南方的一个港口，向美国商船提供煤炭、粮食、柴薪、淡水等。

马休·佩里写给征夷大将军的信的内容与美国总统所写的国书的内容大同小异，用恫吓的语气要求日本洞察世界形势，早日与美国缔结友好通商条约。德川幕府实权派人物老中阿部正弘召集幕府官员讨论是否应该和美国签订友好通商条约。有的官员主张如果拒绝美国的要求，有可能与美国兵戎相见，不如先答应美国的要求，以后再想良策。阿部正弘举棋不定，写信向水户藩的德川齐昭征求意见。由于事出突然，加上美国军事力量强大，德川齐昭短时间内也说不出所以然，只是说：

现在贸然采取攘夷之策，是不会有胜算的。然而，如果为了苟安一时，答应了美国国书中的条款，日本会后患无穷。外国船会纷至沓来，致使日本国内永无宁日。

由此可以看出，德川齐昭内心非常矛盾，想攘夷，又觉得日本不具备攘夷的实力。不过，德川齐昭安慰阿部正弘说：

如果幕府实在没有良策，只要将军有令，我会立刻登城陈述我的意见。

此时，阿部正弘内心也无比纠结，想维护祖宗之法，但慑于美国坚船利炮的威力，不敢轻举妄动。阿部正弘迟疑不定并不完全是因为政治见识和政治胆略不足，而是因为无论采取什么措施都无法预测结果如何。于是，阿部正弘到德川齐昭的府上请教。最终，德川齐昭建议阿部正弘接受美国国书，并仔细研究里面的内容。此后，德川幕府在内政外交政策上向德川齐昭咨询成为惯例。这对之后的日本政局产生了重大影响。阿部正弘从内心深处并不希望日本对外开放，德川齐昭一贯倡导攘夷论，阿部正弘不能忽视德川齐昭这一派的势力。松平春岳德高望重，也一直怂恿阿部正弘征求德川齐昭的意见。

　　对于德川幕府来说，究竟是否应该接受美国总统在国书中提出的条件是一个很棘手的问题。德川幕府召开会议，让与会者在慎重讨论闭关锁国政策和对外开放政策各自的利弊的基础上，提出切实可行的建议。与此同时，德川幕府向德川齐昭征求意见。幕府官员们最感到头疼的是日本的武备力量太弱。日本没有巨舰大炮，无法做好海防工作。此外，日本还有一个致命弱点，那就是德川幕府的国库空虚。一旦和欧美国家开启战端，后果不堪设想，日本的财力连一年都坚持不住。当然，了解德川幕府这一财政窘况的只有幕府高层的三四个人。幕府的一般官员和庶民是无从了解这一情况的。因此，当时的社会舆论批判德川幕府软弱也是情有可原的。因为这属于国家机密，德川幕府也不能通过说明真相说服反对派接受美国人提出的条件。

　　基于上述情况，阿部正弘只能答应美国提出的条件。然而，社会舆论沸沸扬扬，坚决反对德川幕府屈从于美国提出的条件。当时，德川齐昭在日本全国德高望重。为了转移社会舆论的批判矛头，阿部正弘一有事情就派自己的心腹到德川齐昭在江户的府邸，将幕府的会议记录拿给德川齐昭看，之后让德川齐昭提出建议。在幕府会议上，有两位官员以日本武备薄弱为由，主张应该允许美国和日本通商。听了这两个人的主张后，德川齐昭说祖宗之法不能变，反对与美国通商。德川齐昭本来不是墨守成规之人，他主张坚持祖宗之法不能变，是因为他认为与美国通商对日本不利。因德川幕府的意见和德川齐昭的意见不能取得一致，之后的政局发生了混乱。尽管如此，阿部正弘也不能忽视德川齐昭的建议及其代表的势力，还是遇事就咨询德川齐昭，尽量折中处理德川

德川家定

幕府的决定和德川齐昭的建议。德川幕府主张和美国通商未必是因为可以从中获利,也并非因为知道祖宗之法无以为继,主要是因为日本国力很弱,无法与美国抗衡。德川幕府的真实意图也是攘夷。因此,尽管财政困难,德川幕府仍然加强了海防建设和巡逻力度。

马休·佩里来浦贺时,德川家庆卧病在床,并不知情。知道实情后,德川家庆眼见执行了二百余年的祖宗之法就要废弃,急火攻心,一病不起。世子德川家定平时病弱,无法处理这样的大事。德川家庆在临危之际将阿部正弘叫到病床前,托付后事,说道:

> 外交事务令人担忧,我无能为力。所幸德川齐昭很有见识,必有良策。在我百年之后,请德川齐昭共商外交政策。

松平春岳

嘉永六年（1853年）六月，德川家庆去世。阿部正弘谨遵德川家庆的遗命，准备起用德川齐昭。这时松平春岳也劝阿部正弘请德川齐昭辅佐德川家定。德川齐昭众望所归，连桀骜不驯的岛津齐彬都很推崇德川齐昭。因此，阿部正弘起用了德川齐昭，让他参加德川幕府召开的会议。在此之前，阿部正弘让心腹向德川齐昭透露幕府财政拮据的情况，敦促德川齐昭在会议上改变原来的攘夷主张。国难当头，德川幕府已经无法实施独裁了，还要顾及各地大名的舆论动向。当时，大名们虽然不敢和征夷大将军分庭抗礼，但已经感觉到幕府衰态毕现。大敌当前，德川幕府不可能无视大名们的想法，需要大名们的合作，共渡难关。当时，很多大名在藩政上都仰仗重臣和藩士。因此，地位低微的藩士的建议也会对德川幕府的决定产生影响。这时，德川幕府不再独断专行，开始从大名、藩士中广泛征求意见，以作取舍。于是，阿部正弘在征求了德川齐昭的意见的基础上，召集所有幕府官员、大名开会，会上让人宣读了美国国书的日语译文，让与会者在深思熟虑的基础上，就是否答应和美国通商一事畅所欲言，建言献策。此后，德川幕府开了大名参与国政的先例。这一措施导致大名们七嘴八舌，舆论沸腾。大名们回到各自的府上，召集重臣、藩士，让他们建言献策，整理之后呈递德川幕府。阿部正弘从中归纳出了三条意见：其一，美国军舰来日本的目的是侵吞国土；其二，与美国通商对日本有害而无利；其三，不能轻易变更祖宗之法。

由此可见，闭关锁国的祖宗之法在德川幕府和大名的脑海中根深蒂固，很难改变。其中最有代表性的观点是德川齐昭的海防论和攘夷论。德川齐昭认为：

> 洋人都串通一气，祸害日本。甚至有人说荷兰人虽然与日本有两百多年的友谊，也不过是欧美列强的爪牙。假如答应美国的要求，让美国在不毛之地建设储存煤炭的设施，美国必然会得寸进尺，要求日本割让更多的土地。日本和葡萄牙、荷兰通商，并未从中得到实惠，用日本的有用的金银购买无用的奢侈品，导致金银外流，财政拮据。美国人非常狡诈，一旦允许美国与日本通商，日本会蒙受重大损失。

幕府官员和各地大名都很在意维护祖宗之法。此外，还有人认为一旦允许与美国通商，基督教就会卷土重来，危害日本。幕府官员和各地大名不同意与美国通商，但都意识到日本武备薄弱，与美国开启战端没有胜算。与此同时，幕府官员和大名们都不愿意卑躬屈膝地答应美国的要求。因此，德川幕府很难决定是否同意与美国通商，迁延数日。有人主张等待日本的武备充实之后，一举击退美国军舰。甚至有人主张恢复驱逐外国船令。然而，德川幕府在短短一年内提高国防能力属于痴心妄想。不过，这也是这些人在进退维谷中想出的不得已之策。

与此同时，彦根藩藩主井伊直弼、浦贺奉行户田氏荣了解海外形势，倡导开国论，主张对外开放：

> 闭关锁国的祖宗之法难以为继，短期内无法巩固海防。因此，姑且答应美国的要求，逐步加强武备和海防。日本与美国通商，可以获取商业利益，用来训练水军。

井伊直弼在谱代大名①中地位较高，敢畅所欲言。户田氏荣的观点与井伊直弼的观点大同小异，却遭到了幕府官员的弹劾。此外，长崎的炮术专家高岛秋帆等藩士经常阅读荷兰书籍，通晓海外形势，此时他们也上书德川幕府，主张开国。

---

① 谱代大名，日本德川幕府时代的大名中，在关原之战以前就追随德川家康的大名，是世袭大名，大多位居幕府要职。

第5章

俄国使节出使日本

美国海军将领马休·佩里离开浦贺一个多月后,俄国使节叶夫菲米·瓦西里耶维奇·普佳京来到长崎。这给日本的闭关锁国政策带来了重大打击。日本朝野上下都深感前门驱狼、后门迎虎。叶夫菲米·瓦西里耶维奇·普佳京出使日本,目的何在?这和马休·佩里来日本有什么关系?这对幕府的对外政策又产生了什么影响?

第1节 俄国野心勃勃、日本受理俄使信函

叶夫菲米·瓦西里耶维奇·普佳京率领三四艘军舰在日本海面游弋。其目的是监视马休·佩里的行动。在欧美列强中,对日本领土最感兴趣的就是俄国。俄国在大西洋上没有获得霸权,打算在太平洋上获得霸权。这也是俄国对日本领土垂涎三尺的主要原因之一。俄国已经占有了千岛群岛,又染指萨哈林岛,逼近日本的北部边界。俄国一有机会,就会袭扰日本领土。马休·佩里在远赴日本逼迫德川幕府答应与美国通商之际,将此事公布于世。对此,欧美各国一致认为:

日本幕府坚持闭关锁国,冥顽不化。如果不诉诸武力,就无法让日本对外开放。在迫不得已的情况下,美国有可能与日本发生战争。

俄国虽然同意了美国的这一计划，但不愿放弃侵占日本领土的良机。叶夫菲米·瓦西里耶维奇·普佳京率领舰队监视美国舰队的行动，伺机渔翁得利。在马休·佩里离开浦贺时，叶夫菲米·瓦西里耶维奇·普佳京判断马休·佩里有望实现美国的计划，就向马休·佩里提议俄美两国共同逼迫日本对外开放。马休·佩里婉言拒绝了叶夫菲米·瓦西里耶维奇·普佳京的提议。

嘉永六年（1853年）七月十七日，叶夫菲米·瓦西里耶维奇·普佳京率领四艘军舰，想进入长崎港。长崎奉行大泽安宅的部下和负责镇守长崎的锅岛

日本木刻版画描绘的叶夫菲米·瓦西里耶维奇·普佳京（中）

叶夫菲米·瓦西里耶维奇·普佳京来到长崎港

藩的小吏看到俄国舰队入港，赶紧汇报给大泽安宅。大泽安宅立刻下令守军加紧备战。到了傍晚，俄国军舰进入长崎港内。长崎上下一片恐慌。之后，不知什么原因，俄国军舰退到长崎港外一海里处抛锚，等待天亮后采取行动。岸上的日本守军点燃烽火，加强戒备。

嘉永六年（1853年）七月十八日早上，叶夫菲米·瓦西里耶维奇·普佳京又率领军舰进入长崎港内。大泽安宅派小吏去见叶夫菲米·瓦西里耶维奇·普佳京。叶夫菲米·瓦西里耶维奇·普佳京的态度很好，让小吏登船，亲自接见。叶夫菲米·瓦西里耶维奇·普佳京还让人拿出酒菜款待小吏。饭后，叶夫菲米·瓦西里耶维奇·普佳京让小吏观看幻灯片[①]，还向小吏介绍蒸汽轮船的构造，满足了小吏的好奇心。叶夫菲米·瓦西里耶维奇·普佳京这样做，是为了讨日本人的欢心。叶夫菲米·瓦西里耶维奇·普佳京在写给日本人的信中说：

> 我敬重日本的国法，没有去日本其他的港口，而是来到了长崎。我希望长崎奉行能够体谅我的一片苦心。此番，俄国派我来长崎，并非为了追求通商之利，而是为了日俄两国的利益。

叶夫菲米·瓦西里耶维奇·普佳京带来的信函中有一封是俄国外交大臣写给幕府老中的。此外，还有两封信。大泽安宅赶紧派人到江户请示德川幕府是否应该受理叶夫菲米·瓦西里耶维奇·普佳京的信函。

嘉永六年（1853年）八月一日，德川幕府接到了大泽安宅的报告。阿部正弘派人询问德川齐昭是否应该受理叶夫菲米·瓦西里耶维奇·普佳京带来的信函，又和幕府官员们商量此事，最后答复大泽安宅说：

> 此前，我们受理了美国使节带来的国书，希望长崎奉行遵照这个先例便宜行事。

德川幕府给大泽安宅的这一答复意味着闭关锁国这一祖宗之法的基础已经开始动摇。可以说，在这一点上叶夫菲米·瓦西里耶维奇·普佳京沾了马休·佩里的光。然而，当时的社会舆论普遍认为：

> 日本国法不允许接收外国的信函，接收俄国的信函违背国法。而今，德川幕府和长崎奉行没有提出任何异议，就准备按照俄国的要求接收俄国的信函，这一做法不合适。

[①] 应该指的是照相机拍出来的胶片。

于是，嘉永六年（1853年）八月三日，德川幕府又给大泽安宅下达指令：

> 你首先应该告诉俄国使节接收外国的信函有悖于祖宗之法。如果俄国使节态度强硬，再接收信函。

由此可以看出，德川幕府一直维护的祖宗之法已经有名无实。为了挽回面子，德川幕府还自我安慰说：

> 俄国再三向我日本恳求，我日本是礼仪之邦，答应俄国的恳求属于仁义之举。

俄国声称敬重日本国法，来到长崎呈递信函，满足了德川幕府的虚荣心，获得了幕府官员们的好感。起初，德川幕府命大泽安宅不必看信函的内容就赶紧催促叶夫菲米·瓦西里耶维奇·普佳京离开长崎，后来又下令给大泽安宅说：

> 如果叶夫菲米·瓦西里耶维奇·普佳京将军舰停泊在长崎等回信，就让他等着。

不仅如此，德川幕府担心叶夫菲米·瓦西里耶维奇·普佳京会不满意，做好了按照美国使节的先例派特使在浦贺接见他的心理准备。德川幕府对叶夫菲米·瓦西里耶维奇·普佳京如此礼遇，就连倡导开国论的浦贺奉行户田氏荣也大吃一惊。户田氏荣上书德川幕府：

> 俄国使节甜言蜜语，必然另有企图。在对待外国的态度上应该一视同仁，否则会生出事端。

然而，幕府官员们认为：

> 俄国和美国不同，俄国是来和日本修邻邦之好的。俄国以信义对待日本，日本也应以诚相待、以礼相待。

大泽安宅遵照德川幕府的命令，于嘉永六年（1853年）八月十九日让叶夫菲米·瓦西里耶维奇·普佳京登陆，举行了接收俄使信函的仪式。叶夫菲米·瓦西里耶维奇·普佳京率领各舰舰长和副官以下的将领数十人来到会见场所。一路上，福冈藩的士兵负责警卫。大泽安宅在会见室外迎接叶夫菲米·瓦西里耶维奇·普佳京及六名高级将领入内，接过了俄国外交大臣写给幕府老中的信函和叶夫菲米·瓦西里耶维奇·普佳京写给老中的信函及译文。叶夫菲米·瓦西里耶维奇·普佳京提出希望日本划出一个地方，可以让俄国船员经常登陆。大泽安宅答复说：

> 这件事情事关重大，留待日后答复。

仪式结束后，叶夫菲米·瓦西里耶维奇·普佳京等回到军舰上。大泽安宅命人将受理的俄国信函及译文送往江户。

第2节　幕府官员西下长崎

俄国外交大臣在写给幕府老中的信中说：

> 日本周围形势严峻，沙皇对日本的处境深表忧虑。日俄两国应该和睦相处，避免发生战端，为两国人民谋福祉。为此，需要采取两个措施：第一，勘定日俄两国的边界。俄国幅员辽阔，国力是世界上最强的，无意与日本争领土，只是希望两国和睦相处。第二，

希望日本开放一两个港口，允许俄国人与日本通商，互通有无，同时为俄国军舰提供粮食等物资。这样做有助于加强两国的友谊，日本也不会受到任何损失。

叶夫菲米·瓦西里耶维奇·普佳京在信中说：

勘定日俄边界是当务之急。在长崎讨论此事会迁延时日，我想到江户见幕府老中，就此事进行磋商。到江户要走海路还是陆路？请予以答复。

德川幕府接到俄国的信函后，召开会议，就如何应对此事进行了商议。之后，德川幕府写了回信，派肥前藩藩主等带着回信赶往长崎。老中的回信中写道：

俄国使节出于好意来到日本。不过，勘定边界需要先让守边的地方官查看边界，然后幕府再派大员和俄国官员共同磋商。因此，今天无法立刻做出答复。就日俄两国的贸易问题而言，幕府的祖宗之法严厉禁止日本与外国通商，这一点很难改变。不过，国际形势发生了变化，我们不能墨守祖宗之法。美国也要求日本与之通商。要就此做出决定，需要权衡利弊。而今，幕府的征夷大将军刚刚继任，国务繁忙，无暇顾及此事。再者，通商之事事关重大，需要奏明天皇，让全国大名讨论之后才能定夺。这估计需要花费三年至五年的时间。

由此可见，此时德川幕府意识到祖宗之法很难维持下去，只能采取变通的办法。与此同时，阿部正弘的心腹勘定奉行等也规劝阿部正弘：

幕府财政拮据，若是开启战端，没有任何胜算。

然而，德川齐昭等反对德川幕府答应美、俄的要求。这一派人的意见也无法忽视。顾及社会舆论的压力，德川幕府不敢冒天下之大不韪而立即答应美、俄的要求。尽管如此，以阿部正弘为首的幕府官员大都倾向于开国论。

第3节 俄国军舰离日后卷土重来

嘉永六年（1853年）八月二十四日，叶夫菲米·瓦西里耶维奇·普佳京写信给长崎奉行大泽安宅：

> 如果再过六十天依然得不到幕府的答复，我就会断定在长崎无法解决这件事情。那样的话，我只好再换个地方解决。例如，我可以率军舰到江户附近寻求答复。俄国有很多军舰，这一点日本应该很清楚。

这时，水野忠德来接替大泽安宅的职务，这两个人都主张维护祖宗之法，不肯接受叶夫菲米·瓦西里耶维奇·普佳京的要求。叶夫菲米·瓦西里耶维奇·普佳京长期在军舰上，有诸多不便，想登陆，水野忠德却不允许。叶夫菲米·瓦西里耶维奇·普佳京意识到和颜悦色达不到目的，便开始使用恫吓性的语言。此外，嘉永六年八月二十四日，俄国运粮船从上海获悉，俄国和英法之间即将在克里米亚爆发战争，俄国有可能和英法断交。听到这个消息后，叶夫菲米·瓦西里耶维奇·普佳京更加着急，敦促日本做出答复。到了嘉永六年十月中旬，俄国军舰要离开长崎。水野忠德慌了，赶紧派人对叶夫菲米·瓦西里耶维奇·普佳京说幕府特使带着回信正在前往长崎的路上。叶夫菲米·瓦西里耶维奇·普佳京说：

> 我们不能登陆，军舰上的将士生了病，困难重重，必须离开长崎。

水野忠德私自做主，打算划出一块地让叶夫菲米·瓦西里耶维奇·普佳京的将士登陆疗养。其实，叶夫菲米·瓦西里耶维奇·普佳京所说的话只不过是借口。俄国军舰离开长崎的真实原因是：

> 俄国与英法的克里米亚战争一触即发，叶夫菲米·瓦西里耶维奇·普佳京的舰队受到游弋在印度洋海面的英法军舰的威胁。此外，叶夫菲米·瓦西里耶维奇·普佳京必须回去把守堪察加的重要港口。

因此，叶夫菲米·瓦西里耶维奇·普佳京不同意登陆，而是让水野忠德转交自己写给幕府老中的一封信，信中说：

> 我此番离开长崎后还会再来，届时再见不到幕府特使的话，我就率领军舰到江户。

之后，叶夫菲米·瓦西里耶维奇·普佳京率军舰离开了长崎。水野忠德立刻派人将叶夫菲米·瓦西里耶维奇·普佳京的信转交德川幕府，并向德川幕府汇报了事情的经过。德川幕府估计俄国军舰不久之后就会返回长崎，经过商议，还让原来派出的特使继续西下长崎。嘉永六年（1853年）十二月五日，俄国军舰再次来到长崎。筒井政宪、川路圣谟等幕府特使闻报，昼夜兼程赶到长崎。

第4节 边界及通商谈判

嘉永六年十二月十四日，西下长崎的幕府特使筒井政宪、川路圣谟会见了叶夫菲米·瓦西里耶维奇·普佳京。叶夫菲米·瓦西里耶维奇·普佳京本来主张幕府特使到俄国军舰上会见，幕府特使答复说：

> 这有悖于日本国法，恕难从命。不过，此次会见结束后，我们会回访。

结果，叶夫菲米·瓦西里耶维奇·普佳京登陆会见幕府特使。筒井政宪、川路圣谟两位特使设宴款待叶夫菲米·瓦西里耶维奇·普佳京，叶夫菲米·瓦西里耶维奇·普佳京颇感荣幸。长崎奉行水野忠德反对筒井政宪、川路圣谟这样厚待叶夫菲米·瓦西里耶维奇·普佳京，但无济于事。会见结束后，叶夫菲米·瓦西里耶维奇·普佳京回到军舰上。嘉永六年（1853年）十二月十七日，筒井政宪等到俄国军舰上回访，受到叶夫菲米·瓦西里耶维奇·普佳京的热情款待，并参观了俄军的射炮训练。嘉永六年十二月十八日，叶夫菲米·瓦西里耶维奇·普佳京再次登陆，在长崎奉行衙门里从幕府特使那里接过幕府的回信。嘉永六年十二月二十日，日俄双方开始谈判。就勘定日俄边界问题，筒井政宪说：

> 这个问题需要调查，很难在这里通过谈判的方式确定。

叶夫菲米·瓦西里耶维奇·普佳京说：

> 贵使的这一答复让我感到非常失望。早在文化十年（1813年），我们就和幕府讨论过这个问题。

事实上，长期以来，俄国不断蚕食日本的领土，从未提过勘定边界的事情。俄国沙皇尼古拉一世在派叶夫菲米·瓦西里耶维奇·普佳京到长崎的同时，派另一个人占领了萨哈林岛的南端，并派兵驻守在这里。然而，欧美列强

俄国沙皇尼古拉一世

对日本领土虎视眈眈,各国在太平洋上的利害关系错综复杂。俄国在克里米亚半岛上和英法剑拔弩张,英法还不断在东亚扩张势力。俄国不可能一如既往地蚕食日本领土了。因此,俄国想通过与日本勘定边界多捞些好处,锁定既得利益,将来不至于在日本问题上和其他列强发生争执。而划定日俄边界并非日本的当务之急,尽管叶夫菲米·瓦西里耶维奇·普佳京敦促日本勘定边界,幕府特使还是要求叶夫菲米·瓦西里耶维奇·普佳京给日本足够的时间做调查。不仅如此,日俄两国在将何处作为边界的问题上分歧很大。筒井政宪、川路圣谟主张千岛群岛至堪察加都是日本的领土，叶夫菲米·瓦西里耶维奇·普佳京坚决反对。后来，日方主张以北纬52度为界，将萨哈林岛一分为二，日俄各占一半。叶夫菲米·瓦西里耶维奇·普佳京主张将居住着日本官吏和日本居民的萨哈林岛南端给日本。在择捉岛问题上，叶夫菲米·瓦西里耶维奇·普佳京主张日俄两国各占一半。日方坚决反对。叶夫菲米·瓦西里耶维奇·普佳京说择捉岛上只有阿伊努人，没有日本人。日方反驳说：

长期以来，阿伊努人受到日本文化、物质上的哺育，并非野人。

筒井政宪和川路圣谟说：

如果俄国不承认择捉岛是日本的领土，其他的边界谈判也没有必要进行下去。

在通商问题上，叶夫菲米·瓦西里耶维奇·普佳京要求日本在江户近海和虾夷地区各开放一个港口。日方拒绝了这一要求。叶夫菲米·瓦西里耶维奇·普佳京不厌其烦地要求日方在边界和通商问题上表态。嘉永六年（1853年）十二月二十四日，筒井政宪明确地告诉叶夫菲米·瓦西里耶维奇·普佳京：

我们的使命是将幕府的回信递交给您，并就您提出的问题做出解释。我们无权与您就边界勘定和通商问题进行谈判。再者，日俄边界问题早在文化十年（1813年）就进行过谈判，无果而终。四十年来一直未提此事。而今您逼迫我们马上表态。这一做法是不合理的。

叶夫菲米·瓦西里耶维奇·普佳京回答说：

时过境迁，而今发明了蒸汽轮船，欧美各国对萨哈林岛虎视眈眈，我俄国岂能坐视不管。欧美各国船坚炮利，日本闭关锁国是不可能的。长崎是日本海防最强的地方，但在欧美各国的军舰面前不堪一击。俄国是世界强国，可以帮助日本抵御外国的入侵。

结果，日俄双方各执一词，谈判没有成功。嘉永六年（1853年）十二月二十六日，幕府特使筒井政宪为了照顾叶夫菲米·瓦西里耶维奇·普佳京的面子，退了一步，承诺：

我们尽快派官员视察萨哈林岛，做好勘定边界的准备。

叶夫菲米·瓦西里耶维奇·普佳京只好同意了日方的这一建议。叶夫菲米·瓦西里耶维奇·普佳京还是坚持要求日本开放两个港口，日方没有答应。日方以已是年末为由中断谈判。不过，筒井政宪对叶夫菲米·瓦西里耶维奇·普佳京说：

为了让您不辱使命，我们将会以书面形式就您的上述要求做出答复。

嘉永六年十二月三十日，筒井政宪派人将回信送到俄国军舰上，回信内容重复了老中的回信内容，并重申了日方就边界勘定和通商问题的意见，明确指出：

择捉岛是我日本固有领土，萨哈林岛在调查之后再做决定。

叶夫菲米·瓦西里耶维奇·普佳京对信中的内容十分不满，写了回信，主要谈了通商的事情，让来人转交给筒井政宪。安政元年（1854年）正月二日，筒井政宪派中村时万去见叶夫菲米·瓦西里耶维奇·普佳京，把信退了回去，说：

您的回信中的内容将来再议，现在我们不谈这个。

叶夫菲米·瓦西里耶维奇·普佳京气愤地说：

信中的内容是我们谈判的基础，如果不肯受理，我就率军舰去江户。

中村时万说：

如果您不收回这封信，我不会离开军舰半步。

叶夫菲米·瓦西里耶维奇·普佳京见中村时万态度坚决，收回信后，又让中村时万将自己写给幕府老中的一封信带回。

安政元年（1854年）正月四日，筒井政宪等再次登舰，和叶夫菲米·瓦西里耶维奇·普佳京进行了最后一次谈判。结果，叶夫菲米·瓦西里耶维奇·普佳京得到了日方的两个书面承诺：其一，此后如果日本和外国通商，要优先考虑俄国；其二，此后，日本要和其他国家通商的话，要给予俄国更优厚的条件。此外，在萨哈林岛的所有权的问题上，日方主张以北纬50度为界，北半部归俄国，南半部归日本。叶夫菲米·瓦西里耶维奇·普佳京坚决反对。日俄双方在这个问题上没有达成协议。不管怎么说，在日俄谈判中，筒井政宪、川路圣谟和中村时万不卑不亢，据理力争，维持了日本的体面。安政元年正月八日正午，叶夫菲米·瓦西里耶维奇·普佳京率领四艘俄国军舰离开长崎。

第 6 章

缔结友好通商条约

美俄两国在太平洋权益问题和日本问题上有利害冲突。尽管如此，在逼迫日本对外开放方面，美俄两国是一致的。美国海军将领马休·佩里和俄国使节叶夫菲米·瓦西里耶维奇·普佳京率领舰队来到日本，给日本带来了巨大冲击。闭关锁国的日本被迫打开国门，面向世界。日本国力微弱，只能听从命运的安排。这一点在安政元年（1854年）日本与英美俄三国缔结的"安政条约"中体现得淋漓尽致。欧美列强一旦尝到甜头，就会得寸进尺。

第1节 日本与美国的条约

嘉永六年（1853年）五月，马休·佩里离开浦贺后来到了琉球那霸港。马休·佩里通过威胁恐吓的办法逼迫琉球国王允许美国人在那霸港建储存煤炭的设施，将那霸港作为美国舰队的基地，并允许美国和琉球通商。马休·佩里还以美国政府的名义公然占领了小笠原群岛，把小笠原群岛中的一个岛命名为"Coffin"。之后，马休·佩里率领舰队去了香港。马休·佩里起初打算于嘉永七年（1854年）阳春时节再次到日本，逼迫德川幕府答应与美国通商。然而，情况后来发生了变化。直到嘉永六年十一月末，有一艘法国军舰一直停泊在澳门。然而，此时这艘法国军舰接到了法国政府的密令，离开了澳门。估计这与克里米亚战争有关。当时，叶夫菲米·瓦西里耶维奇·普佳京率领俄国舰队离开了长崎。马休·佩里猜测叶夫菲米·瓦西里耶维奇·普佳京有可能前往江户和德川幕府商议如何破坏美国的计划。于是，马休·佩里计划等从美国出发给日本的征夷大将军运送礼物的船一到，就于嘉永六年（1853年）十二月十六日率领舰队到琉球。在此之前，德川幕府拜托时任甲必丹简·亨德里克·唐克·柯蒂斯传话给马休·佩里：

> 德川家庆去世，德川家定继任将军，幕府要举行葬礼和继任仪式，不能就美国的国书做出答复，希望您推迟来日本的时间。

此时，马休·佩里已经到了琉球，接到简·亨德里克·唐克·柯蒂斯的通报后半信半疑。马休·佩里认为即便征夷大将军去世也不能停办国务，依然按照按原计划前往江户。马休·佩里多次来琉球，是为了逼迫德川幕府答应自己的条件，否则就占领琉球。安政元年（1854年）正月十五日，马休·佩里打算率领舰队到江户湾。此前，萨摩藩已经报告德川幕府美国军舰在琉球附近游弋。由此，德川幕府判断马休·佩里不久就会来到江户，便召开会议，商议对策。结果，德川幕府决定：

> 马休·佩里来江户后，幕府就找借口推迟做出答复的时间，不明说是否同意与美国通商，让马休·佩里离开日本。此番，马休·佩里有可能入侵内海，希望幕府有司①加强戒备。江户湾是江户的大门，如果马休·佩里率领军舰来到江户湾，就要进行劝阻。如果马休·佩里不听劝阻，予以痛击。为了防止马休·佩里动武，各地大名要同仇敌忾，拼死作战，维护日本的国威。

做好与美国动武的心理准备大概是德川齐昭等攘夷派的意见，阿部正弘不能忽视这一派的意见。美国军舰如期而至，并且超出预想的是，马休·佩里

---

① 有司，指的是主管某部门的官吏。

马休·佩里第二次造访日本的舰队

率军舰来到了神奈川的前面。安政元年（1854年）正月十五日，附近的大名赶紧派兵防守神奈川海岸区域。当天，德川幕府命令林复斋、井户觉弘等为特使赶往浦贺，临行前阿部正弘嘱咐道：

> 见到马休·佩里后一定要按照去年幕府做出的决定办理，不得有辱使命。

然而，德川幕府本来就不打算寻衅滋事。大名们听说马休·佩里已经进入浦贺内湾，纷纷惊呼"大祸将至"。幕府安慰大名们说：

> 马休·佩里的态度比较温和。

幕府官员反复劝说马休·佩里返回浦贺，马休·佩里以在浦贺抛锚危险为由，不听劝告，还威胁说：

如果不在这里接见我，我就去江户。

最后，林复斋等幕府特使不得不同意在神奈川接见马休·佩里。双方会见的场所也是临时搭建的。安政元年（1854年）二月十日，日美双方正式谈判。日方交给马休·佩里一份备忘录，内容是：

新将军刚刚继任，无法改变祖宗之法。除为美国船提供煤炭、淡水、粮食和救助在海上遇难的美国船员之外，其他的条件不能答应。不过，我们可以考虑选择一个港口允许美国军舰停泊，这需要花费五年的时间。从明年正月起，可以停泊美国军舰。

马休·佩里交给日方的备忘录的内容是：

日本要厚待遭遇海难的美国船员，为美国船补给煤炭、淡水、粮食等物资。美国与日本签订友好交往条约，通商之事暂缓。不过，通商对日美双方都有利，签订通商条约可以参照美国与清朝之间的条约来进行。

日美双方的分歧集中在是否签订日美友好条约和是否能够在短期内开放除长崎港之外的另一个港口这两个问题上。马休·佩里考虑到要求日本签订通商条约很困难，所以才提出了上述要求。德川幕府意识到只与荷兰通商而排斥其他欧美国家是不可能的，也是不划算的。因此，在之后几天的谈判中，日美双方相互让步，总结出了以下要点。

第一，海上遇难而幸存的美国船员可以在日本登陆，但要遵守日本国法。

第二，日本为美国船补给煤炭、淡水、粮食等物资，美方需要支付费用。

第三，美方要求日方开放琉球、箱馆及其他三个港口，其中一个港口最好是浦贺、神奈川、横滨中的一个。日方起初不同意，后经过交涉，日方答应

在神奈川登陆的美国军队

从安政二年（1855年）三月起，向美国开放箱馆、下田。美国认为长崎不方便，希望日本开放其他港口。林复斋等说：

> 我们做不了主，需要回到江户请示幕府老中之后再决定。

第四，允许美国人在箱馆、下田两港登陆散步。就散步里程而言，下田为二十八千米；箱馆的散步里程在调查之后再决定。

第五，马休·佩里希望到江户，还要求日本允许美国船测量江户湾。幕府特使据理力争，坚决反对。马休·佩里这才放弃这两个要求。

第六，马休·佩里主张在下田常驻美国官吏，以解决美国侨民和当地日本人的纠纷。经过日美双方的协调，日方只是答应在一年半之后，如果有迫不得已的情况发生，允许常驻美国官吏。

第七，美国仿照与清朝签订的通商条约制定草案，要求以此为基础与日方谈判。日方说："我们对通商事宜并不了解，现在很难就此进行谈判。"在通商问题上，马休·佩里也没有再进一步逼迫日方。

日美双方就上述要点再三进行协商之后，达成协议。马休·佩里制定了条约草案。在充分讨论和增减这一草案的内容的基础上，日美双方于安政元年（1854年）三月三日在条约上签了字，这就是《神奈川条约》。日美两国签订条约之后，老中阿部正弘等成为国内舆论批判的焦点。此前，顾及大名们和德川齐昭等攘夷派的态度，在外交政策上，阿部正弘主张维持闭关锁国的祖宗之法。可以说，这是阿部正弘的一个失策。而今，在马休·佩里的威胁下，阿部正弘屈服了，被国人骂作"软骨头"。然而，平心而论，日本国防空虚，财政拮据，在美国的巨舰大炮的威胁下，无论谁主政，都只能要么玉石俱焚，要么委曲求全，别无其他选择。安政元年二月十日，马休·佩里率领五百名士兵登陆，军装整洁，荷枪实弹，刺刀闪着寒光，队列整齐。美国军舰上大炮轰鸣十七响，地动山摇。之后，美国士兵奏着军乐，在岸上操练，英姿飒爽。岸上的日本人看到这些惊恐不已。马休·佩里还送给征夷大将军、老中等电信设备、火车的模型，并进行演示。幕府官员看到这些，深知日本在国力上远远落后于美国。幕府官员回赠给了马休·佩里及其手下的高级军官大量大米。为了显示日本军队的战斗力，幕府官员派了七十五名大力士，每人将一百二十千克大米扛到美国军舰上。

《神奈川条约》签订之后，马休·佩里率领舰队于安政元年三月二十一日离开神奈川，前往下田和箱馆考察。安政元年五月二十二日，幕府特使林复斋等来到下田和马休·佩里签订《神奈川条约》的补充条文十三条。补充条文中规定美国人在箱馆散步的里程为二十千米。此外，补充条文规定了《神奈川条约》的实施细则。安政二年（1855年）正月五日，美国使节亚当斯和德川幕府负责美国事务的官员在下田交换了两国政府对《神奈川条约》及补充条文的批准件。

签订《神奈川条约》

第2节 日本和英国的协约

安政元年（1854年）闰七月十五日，英国海军将领詹姆斯·史特灵率领四艘军舰来到长崎，交给长崎奉行水野忠德一封信，说明了自己的来意：

  俄国野心勃勃，要吞并欧洲。为了制止俄国扩张，我们英国已经和俄国交战数次，我们英国大获全胜。俄国入侵日本的萨哈林岛、千岛群岛，不久会入侵日本全国。我奉政府的命令打击俄国

詹姆斯·史特灵

船。今后，我们英国和盟国法国会不断有船在日本的港口停泊，希望得到日本政府的允许。

詹姆斯·史特灵的意图是挑拨日俄之间的关系，从中渔利。英国要与俄国开战，必然要在日本选择良港做海军基地。水野忠德读了詹姆斯·史特灵的来信后立刻上报德川幕府，请求给予指示。

日本闭关锁国长达二百余年，幕府官员对欧洲列强的国情和国际法不甚了然。德川幕府经过商议，做出如下决定，并令水野忠德付诸实施：

英国一贯恃强凌弱，如果断然拒绝英国人的要求，英国人可能会与日本兵戎相见。据英国人的书信中讲，英国人为了与俄国作战，需要将军舰停泊在日本的港口。如果我们答应了这一要求，英国的敌国俄国必然会怨恨日本。我们不应与俄国结怨。因此，我们应该这样处理此事：英国船在日本近海航行时，如果缺少煤炭、粮食、淡水，需要日本补给，我们可以提供援助。如果英国船需要修理，我们可以允许其进港。然而，如果是以与外国交战为目的而使用日本的港口，我们很难答应这个要求。要劝说英国，让其打消这个念头。

于是，水野忠德将德川幕府的上述决定通知詹姆斯·史特灵，并警告他：

即便英国军舰遇到俄国军舰，也不允许在日本近海和日本港内交战。

安政元年（1854年）八月十八日，水野忠德在长崎奉行衙门接见了詹姆斯·史特灵。经过交谈，詹姆斯·史特灵才领会了德川幕府和水野忠德的意思。水野忠德承诺如果詹姆斯·史特灵不与俄国交战，可以进入长崎港和箱馆港。安政元年（1854年）八月二十三日，水野忠德和詹姆斯·史特灵在协约上签字。协约的内容和《神奈川条约》相似，只不过条文比《神奈川条约》少得多。通过这一协约，詹姆斯·史特灵达到了进入日本港口的目的。在协约中只字未提下田港。安政二年（1855年）八月二十九日，詹姆斯·史特灵和水野忠德在长崎交换了日英协约的政府批准件。之后，詹姆斯·史特灵率领军舰离开了长崎。

第3节 《日俄和亲通好条约》的签订及边界谈判

日俄两国利害关系最密切。宽政年间以来，俄国就一直和日本打交道，想从日本捞取好处。叶夫菲米·瓦西里耶维奇·普佳京听说马休·佩里来日本之后，到长崎要求日本优先和俄国缔结友好条约。然而，东欧形势发生突变，叶夫菲米·瓦西里耶维奇·普佳京不得不半途而废回到俄国。结果，俄国在与日本缔结友好条约的进度上，落在了美国和英国的后面。

安政元年正月八日，叶夫菲米·瓦西里耶维奇·普佳京离开长崎后去了上海。听说美国与日本签订《神奈川条约》后，叶夫菲米·瓦西里耶维奇·普佳京于安政元年三月二十八日再次来到长崎。本来，叶夫菲米·瓦西里耶维奇·普佳京和德川幕府的特使筒井政宪、川路圣谟约好，在长崎等二人的答复。然而，筒井政宪、川路圣谟没留下任何答复就回江户了。叶夫菲米·瓦西里耶维奇·普佳京给筒井政宪、川路圣谟写了封信，并让水野忠德转交给筒井政宪、川路圣谟。之后，叶夫菲米·瓦西里耶维奇·普佳京离开了长崎。叶夫菲米·瓦西里耶维奇·普佳京的信中写道：

> 我将在安政元年六月在萨哈林岛等待幕府特使到来，就边界问题进行谈判。如果在这里等不到幕府特使，我就自己勘定边界，然后将结果通知日本政府。本来，我非常方便去江户进行边界谈判。然而，我尊重幕府特使的建议，在萨哈林岛等待幕府特使到来。

安政元年（1854年）三月，俄国已经与英国、法国断交，所以害怕被英法舰队消灭，不敢在长崎逗留，匆匆回到了萨哈林岛。安政元年五月左右，叶夫菲米·瓦西里耶维奇·普佳京率领舰队来到了萨哈林岛，让副官给幕府特使筒井政宪、川路圣谟写了封信，托当地的日本官吏转交给筒井政宪、川路圣谟。这封信的内容是：

> 如果幕府特使不按照在长崎约好的时间来萨哈林岛，我将到离江户最近的港口进行最后的谈判。

安政元年秋天，俄国舰队在欧洲被英法舰队打得大败。安政元年九月，叶夫菲米·瓦西里耶维奇·普佳京来到箱馆，写了一封信给幕府老中。安政元年九月二十八日，叶夫菲米·瓦西里耶维奇·普佳京的这封信送到了江户，信中写道：

> 俄国与英法不和，我不得不离开日本海岸。不过，与英法的战事已经结束了，我马上去大阪，如果想在江户接见我，请尽快通知大阪。

安政元年九月十八日，叶夫菲米·瓦西里耶维奇·普佳京率领舰队抵达大阪海面。京都、大阪的日本守军惊慌失措，误以为叶夫菲米·瓦西里耶维奇·普佳京要登陆攻打京都皇宫。大阪城代[①]土屋寅直苦思冥想退兵之策。大阪并非接待外国人的地方，土屋寅直急忙派人到江户请示德川幕府。德川幕府答复叶夫菲米·瓦西里耶维奇·普佳京说："您可以来下田谈判。"

安政元年十月十五日，叶夫菲米·瓦西里耶维奇·普佳京来到下田。德川幕府已经派筒井政宪、川路圣谟负责接待叶夫菲米·瓦西里耶维奇·普佳

[①] 大阪城代，德川幕府的官职之一，是德川幕府在大阪城的代表，负责大阪城的城防，并统辖在大阪城值班的幕府役人。

京。村垣范正考察虾夷地区结束，返回后也参加了会见叶夫菲米·瓦西里耶维奇·普佳京的仪式。当时，俄国正在和英法交战，英法舰队在东亚的海面上游弋。叶夫菲米·瓦西里耶维奇·普佳京乘坐一艘军舰躲过了英法舰队的搜索，经日本的濑户内海来到下田。这时幕府特使还没到下田，叶夫菲米·瓦西里耶维奇·普佳京所乘的军舰遇到海啸沉没了。叶夫菲米·瓦西里耶维奇·普佳京一行如丧家之犬，登岸求助。停泊在下田的另一艘俄国军舰受损严重。日方也忙于救助下田的日本灾民。日方和叶夫菲米·瓦西里耶维奇·普佳京都决定中止谈判。叶夫菲米·瓦西里耶维奇·普佳京请求德川幕府开放其他港口，让他修理军舰。德川幕府怜悯叶夫菲米·瓦西里耶维奇·普佳京的遭遇，答应选一个其他港口，但有的幕府官员指出：

> 我们担心叶夫菲米·瓦西里耶维奇·普佳京不喜欢下田港，希望日本开放其他良港，下田港已经对美国开放，再对俄国开放其他港口的话，其他国家会纷纷效仿，后患无穷。

最终，德川幕府决定让俄国军舰在户田修理，这里修理船没有问题，但做港口不合适。然而，俄国军舰在中途又遇到暴风，军舰损坏严重，无法修理，叶夫菲米·瓦西里耶维奇·普佳京一行到户田避难。叶夫菲米·瓦西里耶维奇·普佳京并未绝望，虽然在异乡沦为难民，但在得到德川幕府的批准后开始在户田制造新的军舰，不出数月便建成了两艘军舰，可以回俄国了。当时，参与军舰制造的日本工匠学到了制造军舰的技术。

安政元年（1854年）十一月三日，幕府特使筒井政宪等在下田稻田寺和叶夫菲米·瓦西里耶维奇·普佳京就友好通商和勘定边界两个问题进行谈判。就友好通商问题而言，德川幕府以《神奈川条约》为基础与叶夫菲米·瓦西里耶维奇·普佳京谈判。就勘定边界问题而言，德川幕府主张择捉岛归日本所有，萨哈林岛以北纬50度为界，日俄各占一半。叶夫菲米·瓦西里耶维奇·普佳京一直要求日本与俄国通商。最终，德川幕府没有答应和俄国通商，只是签订了条约。日俄双方在边界谈判中没有取得一致意见，所以边界问题悬而未决。安政元年（1854年）十二月二十一日，日俄两国全权代表在下田长乐寺签订《日俄和亲通好条约》及其补充条文。其内容与《神奈川条约》基本相同，只不过日本对美国开放箱馆和下田两港，对俄国开放长崎和下田、箱馆。之后，安政三年（1856年）十一月十日，日俄在下田交换政府正式批准的条约文本。条约第六条规定：

在不得已的情况下，俄国可以在下田和箱馆设置官吏。

这一条规定在德川幕府内部引起了争论。《神奈川条约》中也有相似的内容，但是否派驻美国官吏并未确定，而在《日俄和亲通好条约》中派驻俄国官吏这一点几乎确定了。安政三年俄国就会派官吏到下田或者箱馆，这无异于引狼入室。筒井政宪、川路圣谟等就这一点事先没有请示德川幕府。阿部正弘看到这一条规定后大吃一惊，写信责成筒井政宪和叶夫菲米·瓦西里耶维奇·普佳京据理力争撤销这一条。当时，筒井政宪等已经离开下田前往户田参观叶夫菲米·瓦西里耶维奇·普佳京新制造的军舰去了。接到阿部正弘的信后，筒井政宪等并未遵命照办，而是于安政二年（1855年）正月三日回到江户，向老中们仔细汇报了与叶夫菲米·瓦西里耶维奇·普佳京签订条约的过程，并强调叶夫菲米·瓦西里耶维奇·普佳京态度强硬，在俄国派驻官吏这一问题上毫不让步。阿部正弘依然不肯答应，严令筒井政宪和川路圣谟删掉这一条。阿部正弘强烈反对俄国派驻官吏是考虑到政治上的因素。具体来说，德川齐昭强烈反对俄国派驻官吏。

安政二年二月二十三日，筒井政宪和叶夫菲米·瓦西里耶维奇·普佳京在户田就以下事宜进行了交涉：第一，就派驻俄国官吏一事而言，叶夫菲米·瓦西里耶维奇·普佳京说已经将《日俄和亲通好条约》的文本托付给美国人送往俄国，已经无法变更了。看到筒井政宪很为难，叶夫菲米·瓦西里耶维奇·普佳京表示如果其他国家不先派官吏，自己会派一个人回国要求俄国政府在这一点上做出让步。第二，就基督教问题而言，叶夫菲米·瓦西里耶维奇·普佳京说："我的使命中没有这项内容，恕我难以就此进行谈判。"结果，日俄双方交换了备忘录。日方在备忘录中指出："幕府严禁在日本传播基督教。"叶夫菲米·瓦西里耶维奇·普佳京说："俄国政府不干涉其他国家人民的信仰。"

安政二年（1855年）正月七日，美国使节亚当斯来日本与德川幕府交换《神奈川条约》的政府批准件，看到了叶夫菲米·瓦西里耶维奇·普佳京的窘状，和叶夫菲米·瓦西里耶维奇·普佳京达成了协议。不久，两名美国官员乘坐军舰来到下田，将留在户田的失魂落魄的一百五十名俄国士兵送回堪察加。安政二年三月五日，一艘法国船来到下田，获悉俄国士兵在户田后撤走了。在此期间，叶夫菲米·瓦西里耶维奇·普佳京在户田建造的军舰已经竣工，叶夫菲米·瓦西里耶维奇·普佳京于安政二年三月二十二日乘这艘军舰离开户田回俄国。离开之前，叶夫菲米·瓦西里耶维奇·普佳京写了一封信给幕府老中：

> 我在难中得到日方的帮助，深表感谢。俄国外交大臣听说此事后，让我表达对日方的谢意。为此，我们将留在下田的五十二门大炮赠送给日本。

第 7 章

德川幕府的觉醒

在外患频仍之际,德川幕府要想渡过难关,维持自己的统治,就需要付出艰辛的努力。德川幕府在政治上、经济上、军事上受到了重创。国难当头,德川幕府独木难支,需要日本的三百大名同仇敌忾。在外患面前,德川幕府的实力衰落,已是强弩之末,势不能穿鲁缟,但依然能够对士农工商及全国的大名发号施令。列强势大,几乎动摇了德川幕府的统治基础。穷则变,变则通。德川幕府意识到只有适应新形势,才能增强自己的实力,消除外患。

第1节 幕府制订加强国防和军备的计划

在与外敌接触之际,德川幕府感触最深的是日本的国防和军备薄弱。德川幕府最早认识到这一点并非在嘉永六年(1853年)美国海军将领马休·佩里来到日本之际。早在宽政年间,由于外国船频繁出没于日本近海甚至沿岸,德川幕府就认识到了这一点。松平定信加强了防范措施。在水野忠成主政之际,幕府上上下下讴歌天下太平,疏于防范。到了天保年间,水野忠邦虽然采取了加强国防的措施,但因为财政紧张,采取的措施并不到位。究其实质,尽管幕府感受到了外寇的威胁,但当权者因为日本尚未受到侵略,没有勇气和决心削减无用的支出,打破窠臼,将钱用在国防上,而是一味地粉饰太平。幕府财政拮据还不是根本问题,最致命的问题是当时日本人的军事知识和军事技术与欧美列强有着天壤之别。幕府屈服于列强的强大武力是迫不得已的，这就是日本国家的命运。

嘉永二年（1849年），浦贺奉行汇报说：

> 浦贺防守空虚，兵粮匮乏，奉行衙门没有经费。一旦发生战事，一天都坚持不住。奉行衙门有少量洋枪，但每条枪仅准备了十发子弹。浦贺有不少大炮，但有的大炮根本没有炮弹。如果遭到外国炮舰的进攻，不消一刻钟浦贺就会沦陷。之前，我们曾要求制造军舰，但没有得到任何答复。我手下的士兵仅有一百多人。守卫浦贺的相州、房州沿岸的炮台上装备的都是小炮，数量很少，连一艘敌舰都敌不过。

下田是重要港口，来往江户的船都要在这里停泊。然而，下田港三面环海，很难防守。一旦失守，江户就危险了。此外，品川湾是江户的门户，战略地位重要。嘉永六年（1853年），在马休·佩里撤走后，德川幕府派人修筑品川炮台。德川幕府还命江川英龙为品川炮台铸造大炮。嘉永六年十一月，德川幕府命川越、会津、鸟取等藩国在各自的沿海地区修筑工事，加强所辖地区的防守。

日本四面环海，不知外敌的军舰会在哪处海岸登陆，防不胜防。不过，大部分海岸属于各地大名的领地，德川幕府不必负责防守。很多大名做梦也想不到会有外患，防备松懈。即便有的大名有国防意识，却因财政拮据，心有余而力不足。长崎是德川幕府的直辖领地，是日本唯一允许外国船停靠的港口。长崎有一些海防设施，黑田家、锅岛家轮流防守长崎。文化年间以后，英国军舰曾闯入长崎内港，不可一世。于是，在锅岛藩藩主的主导下，长崎港的内外修筑了炮台，长崎港的安全有了较大的保障。

在防守沿岸地区时，仅有炮台和守军是不够的，还需要军舰。然而，德川幕府禁止造大船。幕府内部的开明派官员意识到建造大船的重要性，一直建议幕府撤销禁止建造大船的命令。然而，幕府中的当权者固守闭关锁国、禁止建造大船的祖宗之法，致使大船建造项目一直不能启动。嘉永六年（1853年），马休·佩里率领舰队来日本之后，幕府高层深感墨守建造大船的禁令难以为继。于是，嘉永六年九月十五日，幕府解除禁令，开始允许建造大船。

嘉永六年十月，德川幕府采纳德川齐昭的建议，委托来到长崎的荷兰人购买数十艘蒸汽动力军舰。然而，当时俄国在欧洲和英国、法国、奥斯曼帝国交战，很难买到军舰。安政元年（1854年）七月，时任甲必丹简·亨德里克·唐克·柯蒂斯通知了长崎奉行荒尾成允这一情况后，说：

> 荷兰政府看在日荷两国二百余年的交情上，愿意赠送日本政府一艘蒸汽动力军舰。我们还可以让来长崎出差的荷兰专家们教授日本造船、航海、使用蒸汽机车等技术。

以此为契机，德川幕府开始创设海军。不仅如此，德川幕府还选派了幕士中的三十七名优秀子弟和各藩国选拔的藩士一起跟随荷兰人学习制造和驾驶轮船、发射大炮等各种技术。安政元年十一月，幕府命德川齐昭在水户藩负责制造大船。工匠们没有见过实物，只能按照荷兰书籍上的图纸制造，结果制造出的大船都不能用。后来，日本工匠们在户田协助俄国人造军舰时，才学到了造大船的技术。

除修建炮台和制造大船之外，德川幕府还需要制造大炮。早在天保十一年（1840年），高岛秋帆就上书长崎奉行田口喜行，建议采用西洋大炮，却没有被采纳。此时，德川幕府将高岛秋帆召到江户，让他传授炮术。江川英龙进一步将高岛秋帆的炮术发扬光大，在外国军舰闯入日本沿岸或港口时发挥了很大的作用。安政二年（1855年）三月，德川齐昭建议老中阿部正弘将寺院里的大钟熔化，铸造大炮。结果，由于阻力太大，德川幕府没有实施这个建议。另外，幕府中的很多要职都是世袭的，这些人能力平庸，尸位素餐，结果导致士风颓废，阻碍了有能力的幕士脱颖而出。马休·佩里来到日本之后，日本武士风气的颓废暴露无遗。于是,德川幕府开始鼓励武士练武、学习近代的炮术等。德川幕府还在深川越中岛修建练兵场,训练野战和发射大炮,五十岁以下的幕士及其子弟都要定期参加训练。安政元年(1854年)七月,幕府委托德川齐昭改革兵制,引进枪炮,按照西方军队的样式,将旧制军队改编为新制军队。然而,这些措施直到文久年间才开始实施。

第2节　幕府加强北部边境的国防

俄国使节叶夫菲米·瓦西里耶维奇·普佳京要求日本勘定边界,这让德川幕府深感加强北疆的防守的重要性。安政元年正月,筒井政宪、川路圣谟上书幕府:

> 我等建议幕府派人到萨哈林岛进行勘测,调查可作为边界之地。否则,再过一年,萨哈林岛就不属于日本所有了。

安政元年二月八日,德川幕府派村垣范正等考察松前和虾夷地区。通过这一措施,德川幕府对萨哈林岛的风土人情更加清楚了。德川幕府意识到要想保住萨哈林岛,就必须巩固对北海道的统治,加强北海道地区的防守。北海道地域广阔,大部分居民是夷人,靠打鱼为生,仅设松前藩进行管理是不够的。在宽政文化年间,德川幕府曾将松前藩收为直辖领地。在文政年间,德川幕府又将松前还给了松前氏,松前氏却无法管理好这里。嘉永六年(1853年),叶夫菲米·瓦西里耶维奇·普佳京来日本长崎后,以德川齐昭为首的一派建议德川幕府收回松前。于是,德川幕府将松前收回,定为直辖领地,设立了箱馆奉行来管理这一地区。安政二年(1855年)二月,德川幕府从松前氏那里收回了虾夷地区,也归箱馆奉行管辖。箱馆奉行总共有三人,一人常驻江户,其余两人常驻箱馆,并且这两人轮流巡视萨哈林岛和边境地区。弘前藩、盛冈藩、仙台藩和秋田藩负责出兵守卫箱馆、松前及虾夷地区。安政二年十月,德川幕府下令各藩国的藩士、俸禄在五百石以下的幕士的二儿子和三儿子、浪人、农民、工商阶层移居箱馆、松前、虾夷地区，从事开荒、采矿、伐木烧炭、打猎、打鱼等工作。此外，在箱馆奉行的建议下，德川幕府开始加固箱馆、虾夷地区的旧炮台，加强大炮和炮弹的配备，还在各处新建炮台。然而，德川幕府财政拮据，这些措施虎头蛇尾，根本无法抵御外敌的入侵。

第3节　改革庶政

德川幕府在加强国防的同时，还要想方设法救济生活困难的幕士、财政拮据的大名。采取救济的措施就是发布俭约令。在马休·佩里离开日本不久，德川幕府下令大名、幕士：

> 外敌入侵，多事之秋，财政支出很大，一定要杜绝骄奢淫逸，厉行俭约。

此外，德川幕府还借给幕士一定金额的钱，让他们渡过难关。然而，德川幕府的财政也非常紧张，无法从根本上解决大名、幕士、藩士的经济困难。德川幕府取得天下二百多年来，驾驭大名的一个主要措施就是不能让大名富裕，否则会养虎遗患。这导致德川幕府对救济大名态度消极。当时外患频仍，如果大名困顿，就无法守边；如果大名富强，就会尾大不掉，动摇幕府的统治基础。因此，幕府进退维谷，改革举步维艰。安政元年（1854年）六月，幕府老中阿部正弘制定了改革草案，征求德川齐昭的意见。草案中提出了减免大名负担的措施。这一草案得到了部分实施。福井藩藩主松平春岳上书幕府，建议改革大名的参勤交代制度。这一建议动摇了德川幕府统治的根本，没有被采纳。安政二年（1855年）十一月，德川幕府又下达俭约令，禁止使用金银器皿，要求大名、幕士在衣食住行上都要从简。与此同时，德川幕府允许大名的嫡长子以外的儿女、隐居的老藩主回到大名的藩国居住。德川幕府还鼓励大名减少在江户的家臣的数量，以减轻大名的财政负担。幕府本身财政拮据，率先垂范，厉行节约，削减不必要的开支。安政元年（1854年）年末，京都皇宫着火，孝明天皇①迁往行宫。为了表示对皇室的尊重，阿部正弘决定临时取消幕府年末年初的庆贺仪式。

在外患频仍的情况下，德川幕府被迫改革庶政，厉行节约。然而，德川幕府只知道节流而不知道开源，无法从根本上解决财政拮据这一问题。于是，德川幕府向江户、京都、大阪的富商临时征税，以解燃眉之急。

---

① 孝明天皇，是日本第121代天皇，在位时间为1846年到1867年。

第 8 章
政局的变化

外患频仍,德川幕府开始觉醒。与此同时,以阿部正弘为首的幕府高层也开始发生动摇。从老中等幕府大员的更迭中可以看出政局的变化。德川幕府为什么会发生动摇?政局的变化对日本社会产生了什么影响?以下内容有助于得出这两个问题的答案。

第1节 攘夷论和幕府的应对措施

幕末时期,受儒学的影响,日本人把欧美人看作夷狄和贪婪的兽类。幕末的攘夷论起源于本居宣长的尚古学风和水户学。攘夷论主张日本是"丰秋津岛之国",是最优秀的,四周都是蛮夷。这是一种扭曲的民族自尊思想。这种偏执的思想是宽永年间以来幕府实施闭关锁国政策的产物。日本古学的复兴,与民族自尊结合,形成了偏执的爱国心。加之,德川幕府时代日本的人口不断增加,经济得到了较大的发展,物华天宝,不必依靠进口。天长日久,日本人产生了自信,也增强了民族自尊心。葡萄牙、俄国、英国频繁侵扰日本,对日本虎视眈眈。因此,德川幕府采取了闭关锁国的政策。幕府当局自然要将这一政策贯穿到国民和家庭教育中。于是,民族自尊和排外思想在一代代日本人的头脑中根深蒂固。有一部分日本人学习兰学,了解了海外形势,知道对外开放才是大势所趋,攘夷是不可行的。

在嘉永年间以前，德川幕府把闭关锁国作为对外政策的根本方针。当时，几乎所有人都主张攘夷论。攘夷就是当时的国策，也是不可改变的祖宗之法。倡导海防论的人也是以攘夷论为基础的。以主张攘夷论而著称的德川齐昭起初也是因为主张海防论而声名鹊起的。

然而，在美国海军将领马休·佩里率领舰队来到日本以后，攘夷论难以为继。日本兰学家的预言一语中的。幕府官员冥顽不化，但看到欧美人的坚船利炮后开始畏惧欧美人。在接触欧美人的过程中，幕府官员开始对欧美人产生了好感，意识到马休·佩里、叶夫菲米·瓦西里耶维奇·普佳京等欧美人并非夷狄禽兽，而是有日本人不具备的很多优点，尤其是欧美人的物质文明远比日本发达。于是，幕府官员对欧美人的恐惧、憎恶转化为钦佩和亲近。随着与欧美人接触的机会不断增多，幕府官员开始抛弃排外思想，主动接近欧美人。然而，日本庶民接触欧美人的机会很少，排外思想依旧根深蒂固，不会轻易改变。每当日本庶民听说欧美人态度蛮横，强加给日本人不合理的要求时，就会产生对"夷狄"的憎恶之情。日本庶民认为幕府官员懦弱，屈从于欧美人的淫威。因此，德川幕府和日本庶民之间就产生了隔阂。德川幕府在觉醒的同时，与日本庶民的心理隔阂越来越深。

第2节　幕府高层的动摇

日本庶民包括农民、手工业者和商人，在德川幕府时代，他们在政治上属于无权阶层。日本商人的财富不仅已经远远超过武士阶层，而且有一小部分富商通过花钱成为武士的养子，跻身武士阶层，走上了仕途。然而，整体来看，商人阶层在政治上还处于无权地位。当时，在政治上有发言权的只有大名和武士这两个阶层。

在大名中，地位最高的是尾张德川家、纪伊德川家和水户德川家这三个亲藩，被称作"御三家"。御三家拥有很多特权，声名赫赫，俸禄为三十万石至六十万石。尾张藩藩主德川庆胜并非嫡子，继承本家家督一职的时间不长，

攘夷论画作：驱逐野蛮人

受到幕府老中的轻视。纪伊藩藩主德川庆福①是幼主，不足挂齿。水户藩藩主德川庆笃是在父亲德川齐昭隐退后继承藩主之位的。后来，德川齐昭也开始参与藩政，藩内分为两派，互相倾轧。德川齐昭在大名中很有威望，一呼百应，是不可忽视的一大势力。权势排在御三家之后的有福井藩、明石藩、金泽藩、鸟取藩、德岛藩等藩的藩主，他们或通过接纳征夷大将军的儿子为养子，或通

德川庆福

---

① 后来成为德川幕府第十四代征夷大将军，改名为德川家茂。

池田庆德

过与征夷大将军结成姻亲关系来拉近与幕府的关系。在这些藩主中，福井藩的松平春岳最有威望。德岛藩藩主蜂须贺齐裕是德川家齐的儿子。鸟取藩藩主池田庆德是德川齐昭的儿子。此外，还有令幕府忌惮的外样大名①。安政年间以来，很多外样大名对幕府阳奉阴违。德川齐昭多次提醒幕府要警惕外样大名。其中岛津氏和锅岛氏审时度势，采取富国强兵的措施，有独断乾纲、不听幕府调遣的趋势。锅岛直正表面上赞同幕府的对美政策，迎合老中阿部正弘，实际

---

① 外样大名，日本德川幕府时代的大名中，在关原之战以后归顺德川家康的大名，仅能管理自己领地内的事务，不能参与幕府政务。

上却在暗中等待机会以便有所动作。安政四年（1857年），岛津齐彬将自己的养女笃子嫁给德川家定，表面上和德川幕府是一家人，实际上却通过实施富国强兵的措施，不断增强萨摩藩的实力。与此相反，毛利氏、细川氏、山内氏锋芒毕露。外样大名中的小藩主不值一提。为了对付这些外样大名，德川幕府拉拢高松藩藩主、会津藩藩主、彦根藩藩主、姬路藩藩主、松山藩藩主、桑名藩藩主等谱代大名。其中彦根藩藩主井伊直弼势力最大，他在对外政策上不主张动武，倾向于对外开放，是安政初年非战论的代表。

笃子

安政元年（1854年），幕府的高层成员有首席老中阿部正弘及老中牧野忠雅、松平乘全、松平忠固、内藤信亲、久世广周。天保十四年（1843年）以来，阿部正弘已经在职十余年了。阿部正弘本来是保守派，但为了巩固自己的地位，拉拢革新派人物德川齐昭。牧野忠雅起初是阿部正弘的手下，性格温和。久世广周是阿部正弘的妹夫，也和德川齐昭过从甚密。松平乘全性格温和。只有松平忠固性格倔强，有主见。起初，在对外政策上，德川幕府接受大名们和德川齐昭的攘夷论，排外倾向很强。然而，自从和美国人接触之后，德川幕府意识到大名们和德川齐昭主张的排斥外国的做法是行不通的，打算接受美国的要求。而各藩国的大名们以怀疑和不信任的态度注视着德川幕府的一举一动，有的大名对幕府的软弱态度表示愤怒。德川齐昭参与制定和实施幕府的外交政策，看到自己的主张不被幕府采纳，也愤愤不平。德川齐昭甚至主张让签订了《神奈川条约》的林复斋剖腹自杀。不了解实际情况的大名们把德川齐昭的这些话作为批判幕府高层的依据来使用。很多大名及其藩士都认为攘夷是不可动摇的祖宗之法，看到众望所归的德川齐昭的建议未被幕府采纳，他们对幕府高层十分不满，纷纷要求阿部正弘引咎辞职。阿部正弘见形势不妙，又开始曲意逢迎德川齐昭，缓和幕府官员和德川齐昭一派的矛盾。德川齐昭为人心胸狭窄，有恃无恐。安政元年八月，德川齐昭以自己的建议不被采纳为由，扬言要辞职。在阿部正弘和征夷大将军德川家定的劝阻下，德川齐昭才打消了辞职的念头。

本来，阿部正弘和牧野忠雅负责外交工作，因为忙不开就让松平忠固和松平乘全参与外交工作。随着对海外形势的了解逐渐加深，幕府高层越来越倾向于对外开放。安政元年，日本和美国、俄国签订友好条约之后，幕府和德川齐昭的政见分歧越来越大。阿部正弘一直在调和幕府与德川齐昭一派的矛盾。阿部正弘知道德川齐昭对造大船感兴趣，就把这个任务交给他，借以讨好德川齐昭并缓和德川齐昭一派与幕府的矛盾。松平忠固性格倔强，和德川齐昭水火不容。德川齐昭对剩下的几个老中也非常不满。安政二年（1855年）八月，德川齐昭以辞职为要挟，威逼阿部正弘让松平乘全和松平忠固辞职了。可见，阿部正弘为了讨好德川齐昭，牺牲了松平乘全和松平忠固。德川齐昭对此非常满意，参与幕府政务的积极性越来越高。攘夷派的大名们听说这一消息后满心欢喜。这时又出现了另一股势力——开国论派，其代表是井伊直弼。这股势力倾向于对外开放，支持松平忠固。负责具体外交事务的幕府官员也都与德川齐昭不和。而阿部正弘敬重德川齐昭，导致攘夷派势力太大。于是，井伊直弼推举前任老中堀田正睦进入幕府高层。阿部正弘不敢得罪井伊直弼，只得让堀田正睦做了老中。不仅如此，堀田正睦还取代阿部正弘做了首席老中。堀田正睦很早就让家臣学习兰学，从家臣那里了解到了海外的形势，意识到闭关锁国和攘夷是行不通的。堀田正睦做首席老中的消息一经公布，德川齐昭、松平春岳等攘夷派大吃一惊。德川齐昭和松平春岳获悉堀田正睦是在井伊直弼的推举下做的首席老中后，对开国论派越来越不满。阿部正弘本来打算调和攘夷派与开国论派，结果导致政局动荡。堀田正睦取代阿部正弘做首席老中之后，不顾大名们的反对，坚决贯彻幕府既定的对外开放方针。这无异于向大名们发出了挑战的信号。外患频仍，德川齐昭等的攘夷论根本行不通。德川幕府为了圆满解决外交问题，已经无暇顾及内政了。为了顺应世界大势，德川幕府做出一些牺牲也是不得已的。

第9章

美国公使汤森·哈里斯到日本赴任

安政三年（1856年）七月二十一日，美国海军将领詹姆斯·格林乘军舰来到下田，军舰上还坐着一名美国官员——美国驻日本公使汤森·哈里斯。汤森·哈里斯来日本赴任促进了日美关系的发展，给德川幕府提供了融入国际社会的机会。然而，汤森·哈里斯态度蛮横，令日本民众十分反感。幕府官员居中调和，非常尴尬。欧美列强对日本虎视眈眈，时局艰难，日本民众并不了解世界大势。在这种情况下，幕府官员必须诱导和启发民众。从这一点来看，日本民众应该感谢德川幕府的努力。尽管美国标榜门罗主义①与和平主义，但汤森·哈里斯是为美国的利益来日本的。

第1节　幕府讨论是否应该允许外国官吏和商人在日本居住

安政元年（1854年）三月签订的《神奈川条约》的第十一条规定：

---

① 门罗主义，是美国总统詹姆斯·门罗的一种思想观点，也是一项关于美洲大陆控制权的美国外交政策。大意是：美国政府认为欧洲列强不应再殖民美洲，或涉足美国与墨西哥等美洲国家之主权相关事务。而对于欧洲各国之间的争端，或各国与其美洲殖民地之间的战事，美国保持中立。相关战事若发生于美洲，美国将视为具有敌意的行为。

条约签订十八个月后，日美两国经过协商，允许美国在下田派驻官员。

之后签订的《日俄和亲通好条约》中也有相同的内容。在签订条约时，德川幕府曾经就这一点提出了异议。德川齐昭认为：

洋人包藏祸心，打算入侵日本。让外国官吏踏入日本一步，就意味着外国侵略日本的第一步。

其实，这属于一种排外思想。当时，阿部正弘也坚决反对美国在下田派驻官吏。不过，《神奈川条约》中规定需要经过日美两国的协商，美国才能派驻官吏。于是，阿部正弘命令下田奉行井上清直：

届时，一定要拒绝美国在下田派驻官吏。

安政三年（1856年）七月，汤森·哈里斯乘军舰来到下田。汤森·哈里斯在登陆之前，派人送给井上清直一封信，信中写道：

我是美国驻下田总领事，我这里有美国政府的委任状和我的一封信，请转交给幕府的老中。

德川幕府收到汤森·哈里斯的委任状和信后，召集幕府官员进行讨论。经过讨论，德川幕府做出决定：

美国的这一做法是符合世界大势的，我们无法拒绝，只能允许美国在下田派驻总领事。

汤森·哈里斯

安政三年（1856年）八月二十四日，德川幕府派岩濑忠震到下田和井上清直商议下述问题：其一，禁止美国人传播"邪教"基督教；其二，防止日本百姓受到美国风俗习惯的浸染。汤森·哈里斯住在柿崎村玉泉寺。德川幕府派小吏在汤森·哈里斯的住处警戒，监视着汤森·哈里斯的一举一动。

安政二年（1855年）春天，俄国使节叶夫菲米·瓦西里耶维奇·普佳京在滞留户田期间，雇用来到下田的美国船将部分俄国士兵送回俄国。当时，叶夫菲米·瓦西里耶维奇·普佳京请求下田奉行允许美国船上的美国人登陆，这些美国人下榻玉泉寺。之后，美国人根据《神奈川条约》的有关规定，主张他们有权在下田、箱馆两个港口登陆、住宿。日方对此表示异议，只允许遭遇海难的美国人临时登陆、散步及住宿，不允许美国人租地建房居住。然而，美国人做出了扩大化解释，日方认为这是美国人在故意曲解条文的规定。当时，美国一艘测量船的船长罗茨泰尔不顾劝阻，在下田登陆。最后下田奉行让送俄国士兵回俄国后返回下田的美国船将罗茨泰尔带离下田。

美国船离开下田之后到了箱馆，其船员和来到箱馆的其他美国船上的船员一起要求箱馆奉行允许他们登陆、住宿。美国人还威胁说：

> 如果不答应我们的要求，美国政府会派军舰来提出要求。

箱馆奉行明白，若是答应了美国人的要求会后患无穷，但在处理上稍有差池，会引起日美之间的冲突。因此，箱馆奉行上报德川幕府，请求德川幕府给出指示。德川幕府闻报，召集官员商议对策，结果发现《神奈川条约》的措辞上有漏洞，让美国人钻了空子。于是，德川幕府指示箱馆奉行：

> 等美国负责条约的人来后进行协商。在此期间，暂时允许美国人登陆、住宿。

不过，来箱馆的美国人不知什么原因离开了。

汤森·哈里斯到下田之后，通过书面形式提出了诸多要求，其中有一条要求是"在下田和箱馆租地建房、修理房屋、购买房屋"。这是汤森·哈里斯来日本时的使命。汤森·哈里斯提出的要求令日本人大吃一惊。汤森·哈里斯说：

荷兰驻长崎领事[①]和长崎奉行、幕府官员签订了一个条约。

安政四年（1857年）八月交换条约批准文本时或多或少有些改动，但条约里的确规定了荷兰人可以在出岛租地建房、购房等。汤森·哈里斯获悉这一情报后，根据《神奈川条约》中规定的最惠国待遇条款，要求德川幕府给予美国与荷兰相同的待遇。德川幕府主张上述条文仅限于出岛一地。汤森·哈里斯提出要求德川幕府允许美国人在下田和箱馆租地建房等要求的动机如下：

> 当时，在太平洋上有三百多艘美国的捕鲸船，需要船帆、棉花、牛、羊、猪等物资。因此，需要有美国商人住在箱馆、下田供应这些物资。否则，日本开放箱馆和下田就没有意义。

因此，汤森·哈里斯的态度十分强硬，极尽威胁、恫吓之能事，没有半点让步的意思。从安政四年年初到五月，德川幕府内部进行协商并与汤森·哈里斯在下田进行谈判。结果，德川幕府做出了让步，允许美国商人在下田和箱馆居住，允许美国在箱馆设立副领事。安政四年五月二十六日，日美双方在下田就上述谈判结果签订了协议。

第2节　汤森·哈里斯前往江户谒见征夷大将军

安政三年（1856年）九月二十七日，汤森·哈里斯托下田奉行带信给幕府老中，信的内容是：

> 美国政府派我来向将军呈上美国总统的信函。仅仅依靠书信往来唯恐造成误会，我需要到江户就此事和幕府老中商议。希望您命

[①] 此前一直称甲必丹。——原注

有司为我做好去江户的准备。本来我可以搭乘军舰直接去江户，但为了避免造成日本人的恐慌，我只带两三个职员前往。

此外，汤森·哈里斯将美国与越南签订的条约的副本拿给日本人看，并说到江户之后要告诉老中一个机密情报：

我从英国驻香港总督宝宁爵士那里获悉了英国对日本的企图。

负责海防工作的筒井政宪等接到汤森·哈里斯的来信后立即交给老中。有的老中建议让汤森·哈里斯遵循甲必丹拜谒征夷大将军的惯例拜谒征夷大将军德川家定。也有幕府官员主张：

如果在汤森·哈里斯的威胁恫吓下，同意其拜谒将军，必然有辱日本的国家威严。

很多大名也反对老中的这一决定。于是，老中堀田正睦决定任命特使，指示下田奉行告诉汤森·哈里斯：

大小事务可与幕府特使进行交涉。

安政三年（1856年）十二月十三日，汤森·哈里斯再次写信给老中：

因事关重大，除老中之外我谁都不见。希望老中尽快回信。

安政四年（1857年）正月，五位老中联名给汤森·哈里斯回信。德川幕府意识到不在江户接见汤森·哈里斯是不行的，便于安政四年正月十六日下令有司商议接见汤森·哈里斯的礼仪和待遇。

汤森·哈里斯接到老中的回信后气焰更加嚣张。安政四年（1857年）二月七日，汤森·哈里斯在拜访下田奉行时说：

美国国务卿给我下了密令，事关重大，希望旁人退下。

美国国务卿的密令上写着：

如果日本人不乖乖地答应美国的要求，美国总统会采取强制手段。

安政四年三月三日，汤森·哈里斯又写信给老中说：

老中的回信中只字未提美国总统的信函，十分无礼。如果总统知道此事，会采取措施维护美国的国家尊严。下田奉行不是幕府的全权代表，我不能与他交涉。

尽管如此，德川幕府担心如果让汤森·哈里斯来江户，大名们冥顽不化，必然会极力反对，从而导致内政混乱。于是，老中们指示下田奉行与汤森·哈里斯进行交涉，让汤森·哈里斯打消到江户的念头。安政四年五月十七日，汤森·哈里斯似乎终于理解了日本的国情，做出了让步，说道：

如果盖上将军的朱印，委任下田奉行为全权代表，我可以在下田谈判，不去江户。

德川幕府写了全权代表的委任状，并盖上了征夷大将军的朱印，交给下田奉行。汤森·哈里斯看了这份委任状之后提出异议：

委任状上没有写清楚下田奉行具有决断权。

之后，汤森·哈里斯患病。他病愈后又对下田奉行毅然决然地说：

我们在哪里举行总统信函交接仪式？我想直接面呈将军。否则我不会讲重要的事情。

安政四年（1857年）六月末，德川幕府做出决定：

下令下田奉行允许汤森·哈里斯到江户。不过，大名们很难在短时间内聚齐。汤森·哈里斯到江户的具体日期，等他讲了重要事情之后再决定。

这一决定加重了汤森·哈里斯对德川幕府的猜疑。之后，日美双方进行了数次谈判，都没有任何进展。下田奉行极力辩解，汤森·哈里斯丝毫不肯让步。安政四年七月十二日，汤森·哈里斯说：

如果允许我先到江户去见将军，那么我回来之后可以在下田讲那件重要事情。或者我见了将军后，在信中向老中讲那件重要事情，回到下田后再讲其他重要事情。

下田奉行坚持在汤森·哈里斯讲完重要事情之后再决定是否允许汤森·哈里斯到江户谒见德川家定。汤森·哈里斯坚决不同意。德川幕府体谅到下田奉行的难处，最终允许汤森·哈里斯在拜谒德川家定之后在信中讲那件事情。安政四年十月七日，汤森·哈里斯从下田出发，走陆路前往江户。安政四年十月二十一日，汤森·哈里斯在江户拜谒德川家定，经堀田正睦之手将美国总统的信递交给了德川家定。接待汤森·哈里斯的仪式规格比

堀田正睦

接待荷兰人高出数等，大名们和幕府官员都穿着礼服。汤森·哈里斯给德川家定站着行拜礼。德川家定说："贵使节远路而来，辛苦了。"之后便让汤森·哈里斯退下了。

第3节　大名纷纷向德川幕府提出异议

德川幕府决定让汤森·哈里斯到江户拜谒德川家定之后，将这个决定告知御三家和几个重要的谱代大名，征求他们的意见。水户藩的德川齐昭本来就对堀田正睦不满，大小事情都与幕府唱反调。在堀田正睦负责外交事务之后，德川齐昭的权势大大削弱。安政四年（1857年）正月，德川齐昭隐退，后来再也没有来幕府参政。从安政四年（1857年）五月开始，阿部正弘因患病很少过问政务。安政四年六月十七日，阿部正弘去世。安政四年九月十三日，和德川齐昭交恶的松平忠固再次被任命为老中。因此，德川齐昭对幕府越来越不满。德川齐昭和尾张藩藩主德川庆胜谋划，联络松平春岳一起阻止汤森·哈里斯到江户拜谒德川家定。松平春岳认为幕府的命令已经下达，覆水难收，没有答应德川齐昭。德川齐昭通过在朝廷供职的两个姐夫二条齐信及鹰司政通将自己的主张汇报给朝廷。然而，这件事情被近卫忠熙、关白①九条尚忠等泄露出

德川庆胜

---

① 关白，辅佐成年天皇的官职，是令外官，也是公卿中位次最高的官员。

九条尚忠

去，传到了很多大名和德川幕府那里。于是，德川幕府秘密地让京都所司代[①]告诉武家传奏[②]在朝廷做工作，不让朝廷受理德川齐昭提的建议。德川齐昭怒不可遏，就攘夷论写了长篇大论，提交给九条尚忠，大意如下。

[①] 京都所司代，是幕府的一种官职，一般由谱代大名担任，是幕府在京都的代表，负责幕府与朝廷的交涉，监察朝廷、公卿和关西大名的举动，维持京都的治安。
[②] 武家传奏，日本室町幕府、德川幕府时代朝廷的官职名之一，由公卿担任，负责为朝廷传达幕府的奏请。

> 洋人包藏祸心，蚕食日本。幕府有司苟且偷安，答应了洋人的要求。自古以来，日本不乏勇士，振臂一呼，则可以同仇敌忾，驱逐洋人。只要削减不必要的开支，必然能够加强军备。而今，德岛藩愿意听从朝廷的调遣。也有很多藩主对幕府的决定不满。我希望朝廷下令幕府和大名们团结一致，共同阻止汤森·哈里斯进入江户，消除后患。这是天下有志之士的呼声。

长期以来，德川幕府严禁大名和朝廷的公卿联姻。然而，第五代征夷大将军德川纲吉还是大名时就娶了鹰司教平的女儿，破坏了幕府的规定。后来，亲藩大名①、外样大名和公卿联姻的情况逐渐增多。幕末时期，大名和公卿联姻的情况更多。大名和公卿联姻形成的势力虽然当时无法改变幕府的决定，但为后来尊皇倒幕埋下了伏笔。

安政四年（1857年）八月十四日，德川幕府将允许汤森·哈里斯到江户拜谒德川家定的决定通知给一般的大名。地位较高的彦根藩、高松藩、会津藩等藩的藩主分别向自己的藩士征求意见，之后上书幕府：

> 德川幕府成立以来，将军从未接见过蛮夷，开了这个先例之后，后患无穷。因此，既不能让汤森·哈里斯到江户，也不能让他拜谒将军。幕府在做出这一决定之前没有征求大名们的意见，这令人遗憾。

本来这几个谱代大名倾向于开国论，是德川幕府的有力支持者。而今，他们也反对汤森·哈里斯拜谒德川家定。而攘夷派的大名们因德川幕府同意汤森·哈里斯来江户拜谒德川家定，暗地里批判了德川幕府。

安政四年八月十四日，听说德川幕府的决定后，各地大名感到震惊。德

---
① 亲藩大名，指的是与德川家有血缘关系的藩领，领地位于经济富庶之地或军事要冲，实力雄厚，在幕府的统治中掌握着实权。

岛藩、三河藩等亲藩的藩主们向堀田正睦询问做出这一决定的理由。堀田正睦回答说：

> 如果不答应汤森·哈里斯的要求，美国会派军舰滋生事端。

亲藩藩主们见事情无可挽回，便于安政四年（1857年）九月六日向堀田正睦提交了建议书，大意如下：

> 大名们担心汤森·哈里斯此次前来，会了解到日本的地形、风土人情、国力状况等，更加蔑视日本。我日本的弱点在于军备、国防的落后。我们应该以此为契机，改革兵制，振奋士气，加强国防。对欧美人在表示友好的同时，也要做好战争准备。日后幕府对大名们要讲信义，以礼相待，恩威并重。这样才能同仇敌忾，共同抵御外侮。

这一建议有理有据，十分中肯，道出了大名们的心声。此外，仙台藩藩主等外样大名参政意识也很强，指出德川幕府在就国家大事做出决策之前，应该征求他们的意见。

第10章

德川幕府和欧美列强签订通商条约

欧美列强来到日本的目的是通过通商获利并为本国的远航船补给续航物资，未必是想占领日本的领土。美国、俄国清楚长期以来日本坚持闭关锁国这一祖宗之法，一步到位让日本签订通商条约是不现实的。因此，通商条约的签订迁延了数年。《神奈川条约》签订后不久，英国、荷兰、俄国、美国一致要求日本签订通商条约，最终逼迫德川幕府就范。日本并非因为从通商中得到了好处才决定开放门户，而是因为日本无法抵御列强的坚船利炮。德川幕府被迫开放门户有损日本国的尊严，但幕府官员们随机应变、转祸为福的做法也有可圈可点之处。在日本与欧美列强开始通商之后，日本的经济出现了动荡。在新旧制度交替之际，日本的经济受到了重创，萎靡不振。与此同时，通商也给日本的生产活动带来了生机。从这个角度来讲，日本应该感谢欧美列强。日本人是一个很有韧性的民族，日本克服了暂时的困难，巩固了国家经济的基础。

第1节 预警英国船的到来及幕府的决心

德川幕府和俄国、美国签订了友好条约，但一直没有签订通商条约。安政三年（1856年）七月八日，荷兰船来到长崎，带来了从香港获悉的重要信息。荷兰驻香港领事科尔丘斯让荷兰船将这一信息转告给长崎奉行川村修就，大意是：

川村修就

英国政府对此前的对日条约不满意,不久要派香港总督宝宁爵士到长崎和日本签订新的条约,要求和日本通商。

不仅如此,英国政府将英国与越南签订的条约的副本托荷兰人交给了川村修就。科尔丘斯在信中对川村修就说:

> 欧洲各国贸易活动频繁,如果日本不和欧美各国通商,欧美各国会怀疑清朝与荷兰打算垄断对日贸易而阻碍日本和欧美各国通商。如果日本顽固拒绝欧美各国的通商要求,就会与欧美各国为敌,会陷入万劫不复的深渊。我荷兰政府念及与日本的友谊,衷心希望日本允许与欧美各国通商,互通有无,从中获利。

安政三年（1856年）八月四日，老中阿部正弘命令有司研究与外国通商的方法。这时，德川幕府意识到日本应该顺应世界大势，允许日本人出国和与外国通商，互通有无，达到富国强兵的目的。然而，要做到这一点需要很长的时间。当时日本能做到的是将日本生产的产品中的多余部分卖给外国人。然而，日本要做到这一点也不容易。德川幕府认为列强最想从日本得到的货物是铜，而日本的铜产量年年减少。

当时，在长崎供职的幕府官员永井尚志和冈部长常经常与外国人打交道，知道与外国通商是大势所趋，二人上书幕府：

永井尚志

> 日本与列强通商十分必要，应早做决定，对外公布。这样就可以稳定民心，继而思考通商的具体方法。如今，世界航海业方兴未艾，日本如果不改革旧制，就不可能奠定富国强兵的基础。

与此同时，幕府官员中对与列强通商持怀疑态度的大有人在。这时幕府政局也发生了变化。安政三年（1856年）十月二十日，倾向于开国论的堀田正睦专门负责外交事务并开始调研通商问题，主张对外开放的势力开始在幕府中占优势。日本商人自然欢迎通商，而武士对幕府的对外开放政策十分不满。

第2节　荷兰及俄国的补充条约

荷兰垄断对日贸易长达二百多年，遭到其他欧美国家的嫉妒。荷兰政府为了避嫌，屡次建议德川幕府和其他欧美国家通商。荷兰政府曾派人向德川幕府提前通报美国要派舰队来日本一事，还通过长崎奉行向德川幕府提出建议：

> 与荷兰通商要限制在长崎一地，保留江户、京都、大阪、堺、长崎的日本商人的专卖权。进行交易时，在大阪会所或者长崎会所通过支票结算。

荷兰人的这一建议基本上维持了日本的旧制。从当时的情况来看，让德川幕府开放所有的港口，让日本全国所有的商人自由贸易，通过金银结算，会动摇德川幕府祖宗之法的根本，是不现实的。安政二年（1855年）十二月，荷兰驻香港领事科尔丘斯和长崎奉行签订了《日荷和亲条约》，这一条约共有二十七条。在条约中，除保留了荷兰的特权之外，日本和英国、美国、俄国签订的友好条约，荷兰也利益均沾。之后，荷兰船的出入更自由了，荷兰人也在出岛获得了居住权等更多的权益。科尔丘斯很清楚其他欧美国家必然会要求日本与它们通商，于是在《日荷和亲条约》中追加了一项通商规定，以此作为日本和其他欧美国家签订通商条约的基础。荷兰人希望日本人以荷兰人为中介和其他欧美国家进行通商。美国人获悉这一情况后，指责荷兰依然打算垄断和日本的通商之利。

幕府官员看到荷兰的提议后，认为荷兰势单力薄，无法阻止其他欧美国家直接和日本通商的行动，这些国家也绝不会答应以荷兰为中介和日本通商。幕府官员也清楚，和其他欧美国家通商是不可避免的，应该事先制定通商规则，以应对这些国家的通商要求。安政四年（1857年）八月二十九日，德川幕府命令长崎奉行修改科尔丘斯提出的条约草案，与荷兰签订补充条约。这成为之后德川幕府与其他欧美国家签订条约的基础。德川幕府与荷兰签订的补充条约有四十条，条约规定：

> 允许外国人在长崎、箱馆与日本通商，废除旧制，不再限制来日本的外国商船数量和贸易额。然而，除长崎出岛之外，禁止外国人和日本人进行直接贸易，贸易结算要通过支票在会所进行，不允许直接使用金银结算。

由此可见，当时德川幕府允许进行的对外贸易与其他欧美国家所希望的自由贸易相去甚远。安政四年九月七日，俄国使节叶夫菲米·瓦西里耶维奇·普佳京在长崎与长崎奉行签订了《日俄追加条约》，形式、内容与《日荷追加条约》大体相同，也禁止自由贸易，贸易的货物及货款结算必须通过会所进行。和英国、美国不同，俄国并非商业强国，因此，俄国对日本的条约方案没有表示异议。《日俄追加条约》和《日荷追加条约》不久就被废除了，但这两个条约是当时德川幕府与欧美列强签订通商条约的基础。

第3节　德川幕府和美国就通商条约进行谈判

安政三年（1856年）七月，美国驻日本公使汤森·哈里斯来到下田。汤森·哈里斯此行的目的是敦促德川幕府开放几处港口，以便美国与日本进行自由贸易。然而，汤森·哈里斯意识到德川幕府很难答应这个条件，便要求德川幕府允许美国驻日本公使及其家属和日本商人直接进行交易。这一点得到了德川幕府的允许。汤森·哈里斯打算以此为基础，找时机迫使德川幕府和美国签订通商条约。汤森·哈里斯极尽软硬兼施之能事，想方设法直接与幕府高层接触，借以达到缔结通商条约的目的。汤森·哈里斯不光用美国的军事力量威胁德川幕府，还借用其他国家的力量恫吓德川幕府。汤森·哈里斯到香港会见英国驻香港总督宝宁爵士，知道了英国对日本的企图。德川幕府从荷兰人那里得

宝宁爵士

知英国对日本有所企图，而今汤森·哈里斯也提及此事。因此，德川幕府不得不信。汤森·哈里斯和科尔丘斯向德川幕府讲了第二次鸦片战争的事情，敦促德川幕府不要重蹈清朝的覆辙。这让德川幕府心有余悸。汤森·哈里斯抓住这个机会对德川幕府步步紧逼。安政四年（1857年）十月二十六日，堀田正睦在自己的府邸中接见了汤森·哈里斯。汤森·哈里斯对堀田正睦说：

> 美国对日本的领土没有任何野心。而今，欧美各国以坚船利炮为后盾，在世界各地通商，日本的闭关锁国政策是无法坚持下去的。日本应顺应世界大势，通过下述方法和欧美各强交往——其一，允许外国使节常驻江户；其二，允许自由贸易。这两条不仅是美国的要求，也是欧美各国的共同心声。英国及其他国家有虎狼之心，对日本虎视眈眈。只有与外国进行自由贸易才能强国，闭关自守很难维持国家独立。日本应尽早与美国缔结通商条约，通过贸易强国，巩固国本。

堀田正睦闻听此言，深感日本应顺应世界大势，抛弃闭关锁国的国策，积极与外国交往。安政四年十一月六日，幕府官员来到汤森·哈里斯下榻之处，向汤森·哈里斯请教，又问汤森·哈里斯：

> 美国政府和日本签订通商条约，有什么要求吗？美国需要日本的什么产品？

汤森·哈里斯回答说：

> 美国最想要的日本产品是漆器、丝织品、茶叶、铜。

德川幕府召集官员进行讨论，决定答应美国的要求。德川幕府命下田奉行专门负责和汤森·哈里斯谈判。安政四年（1857年）十二月二日，堀田正睦在自己的府邸中再次接见汤森·哈里斯。堀田正睦对汤森·哈里斯说：

> 日本可以与美国开展贸易，但让美国公使常驻江户难度很大，这需要花时间做解释工作。美国公使在江户的住址和期限等问题，您需要和我们的有司交涉。我们开放长崎、下田、箱馆这三个港口和美国进行贸易。在安政元年（1854年）的海啸中，下田损毁严重。如果您认为下田不方便，可以换一个地方。

汤森·哈里斯说：

> 本州岛幅员辽阔，只开放一个港口是不合理的。我希望您能委任全权代表和我谈判。之后，双方先拟定草约，并以此为基础进行谈判。

安政四年十二月十一日至安政五年（1858年）正月十二日，日美双方进行了十三次谈判，终于签订了《日美修好通商条约》，其大致内容如下。

一、美国领事的常驻与旅行

在草案中，汤森·哈里斯要求：

> 美国外交官常驻江户，领事或者贸易官员常驻开放的港口，并且美国常驻人员可以在日本国内自由旅行。

当时，日本国内排外思想依然根深蒂固，外国人居住在征夷大将军所在的江户并在日本国内到处旅行的话，会激怒大名等。幕府全权代表无法接受汤森·哈里斯的这一要求。然而，汤森·哈里斯态度强硬，毫不让步，还说：

因为外国公使没有常驻北京，所以才发生了清朝和英法的第二次鸦片战争。

于是，德川幕府决定在神奈川和六乡川之间选择一处让美国官吏常驻，办理公务时才允许美国人到江户。然而，汤森·哈里斯不接受这个条件，说：

欧洲各国蛮横无理，动辄兵戎相见。美国总统担忧日本的国运，派我前来早日缔结有利于日本的条约，欧洲各国只能遵循这个先例与日本签订条约。日本如果不允许美国公使常驻江户，那就说明日本人妄自尊大，轻视美国。

结果，幕府全权代表同意了汤森·哈里斯的要求。接着，幕府全权代表提出美国派驻公使的时间从1862年算起，原因是日本国内很多大名强烈反对美国公使常驻江户，要做通这部分人的思想工作需要较长的时间。而汤森·哈里斯主张，美国公使到任时间越早，越能早日让日本人适应，相互增进了解。日美双方经过反复交涉，最后同意美国公使在1861年1月以后到任。幕府全权代表主张美国公使和总领事只有公务期间才可以到日本各地旅行，汤森·哈里斯态度蛮横，删掉了"公务"二字。

二、开放的港口及进行交易的场所

汤森·哈里斯要求德川幕府开放下田、箱馆、大阪、长崎、平户、京都、江户、品川，此外，由美国在本州岛西北海岸选择两个港口开放。汤森·哈里斯还要求如果九州发现煤矿，煤矿附近的港口也要对美国开放。幕府全权代表同意向美国开放长崎、箱馆、神奈川。而汤森·哈里斯说：

日美开展通商，开放的港口越多，获得的利益也越多。因此，我们强烈要求日本开放江户、大阪、京都等大港口，否则对日本也是不利的。就开放港口的期限而言，我们可以协商。

幕府全权代表说：

日本的闭关锁国政策已经持续了二百多年，商人重利，武士并非如此，而是注重尊严。这一点很难改变。如果按照您所说签订条约，势必会引起国内的混乱。

然而，汤森·哈里斯不了解日本的国情，对幕府全权代表说的这些话半信半疑。幕府全权代表又说：

刚才您说在开放港口的时间上可以协商。那么，我们一步步开放港口，不必急着一下子开放那么多港口。

汤森·哈里斯也做出了一点让步：

平户及附近有煤矿的港口我们就不再要求了，我们要求开放日本西海岸的一个港口及江户、大阪、京都、品川。

幕府全权代表说：

京都地方狭小，物产不丰富，交通不便，不适合开展贸易，并且京都是皇宫所在地，不允许外国人入内。大阪距离皇宫也比较近，不能开放这里。

汤森·哈里斯说：

美国与日本结下了深情厚谊，并未对日本提出过分的要求。如果日方连这些要求也不答应，谈判很难进行下去。

幕府全权代表说:

　　大名们绝对不会同意开放这些港口的。不过,日本西海岸如果一个港口也不开放,有些不近情理,我们可以向美国开放越后的新潟。

汤森·哈里斯说:

　　我在实地考察后再做决定。

幕府全权代表说:

　　如果您不同意开放神奈川港,江户的开放问题无从谈起。

汤森·哈里斯说:

　　如果不开放江户和大阪这两个大都会,很难称得上是缔结条约。英国和法国来日本后,肯定也不会答应,还得另行和日本签订条约。

汤森·哈里斯接着表示:

　　如果现在做不了决定,江户、大阪的开放可以延迟到1863年。

幕府全权代表说:

　　江户开放的时间可以定在1863年1月。不过,美国商人只能住在神奈川的横滨。

就美国商人是否可以住在江户这一问题,美日双方一直不能达成一致意见。日方主张美国商人只有进行交易的时候才能来江户。汤森·哈里斯则主张美国商人来往神奈川和江户之间非常不便,应该住在江户。日方建议美国商人住在川崎,汤森·哈里斯一直坚持让美国商人住在江户经商。汤森·哈里斯获悉品川水浅不适合船停靠后,才打消了让日本开放品川的念头。后来,日方做出让步,允许美国商人把神奈川作为居住地,在江户选择一处场所作为经商时的临时住所。双方这才达成协议。

日方主张不开放京都而开放堺,汤森·哈里斯同意了这一方案。汤森·哈里斯一直强烈要求开放大阪,日方不同意。汤森·哈里斯提议美国商人早晨到大阪经商,晚上回堺休息。日方同意了这一方案,并明确从1865年1月1日起允许美国商人在大阪经商。而汤森·哈里斯认为时间太晚,威胁说如果不早日开放大阪,将要求日本允许美国商人到日本全国各地旅行。大阪距离京都很近,允许美国在大阪经商会遭到攘夷派大名的强烈反对。允许美国商人到日本全国各地旅行导致的后果会更严重。经过反复讨论,日方承诺美国商人在江户经商一年之后,允许美国商人在大阪经商。允许美国商人在大阪经商并不意味着开放大阪。汤森·哈里斯又要求日方开放兵库。日方说:

> 兵库和大阪之间的陆路都是大名的私人领地,外国人很难通行,只能走水路。因此,兵库无法开放。我们希望美方选择冲之岛作为修理船的场所。

结果,汤森·哈里斯同意将堺作为开放港口,将大阪作为美国商人经商的场所。另外,就美国人在开放港口和经商地散步的范围,汤森·哈里斯主张方圆四十千米。汤森·哈里斯要求开放堺,堺接近皇陵的所在地,这是绝对不能答应的。因此,日方主张不开放堺而开放兵库。汤森·哈里斯同意了这一方案。此外,日美双方商定了通商港口的开放日期:

下田、箱馆、神奈川、长崎于1859年7月4日开放；新潟于1860年1月1日开放；江户于1862年1月1日开放；大阪和兵库于1863年1月1日开放。

三、贸易方法及对贸易商品种类的限制与兑换货币

日方将与荷兰、俄国签订的条约的副本拿给汤森·哈里斯看，提议参照这两个条约开展日美通商活动：

在日本商人适应对外贸易之前，禁止日本人和美国商人直接交易，货物和款项在会所官员的监督下交接、结算。此外，在开放港口设立交易场所，双方商人将货物陈列在这里，以竞标方式进行交易。

汤森·哈里斯说：

官方干涉民间贸易不属于自由贸易，这与美国总统给我下达的指令大相径庭。

汤森·哈里斯不同意日本的这一做法。老中堀田正睦原来打算让官方从贸易中获利，改善幕府和大名的财政状况，防止利润流入商人的腰包。这样一来，对外贸易开始之后，堀田正睦的如意算盘就落空了，日本商人的势力越来越大，武士的生活越来越艰难。

就贸易商品的种类而言，日方禁止出口大米、麦类、铜，允许为来到日本的美国船补给必需品。大米、麦类是日本人的主食，如果出口，会引起粮食价格猛涨，导致日本人生活困难。日本的铜产量年年减少，供不应求，也无法出口。日方答应如果日本国内的铜出现了剩余，可适当出口。汤森·哈里斯提醒德川幕府要坚决禁止进口鸦片，德川幕府采纳了这一建议。日本对进口的美国酒类征收35%的税。

在兑换货币的问题上，日方主张：

> 在进行贸易时兑换货币非常麻烦，日美双方的货币都可以通用。

汤森·哈里斯主张：

> 在初期可以采用日方的办法，但最好是确定日美货币的汇率，时间定在开放后一年内实施。

四、领事裁判权

就领事裁判权，日美双方达成下述协议：

> 如果日本人伤害了美国人，由日本法官根据日本的法律来审理、处罚日本人。如果美国人伤害了日本人，由美国领事根据美国的法律审理、处罚美国人。

这就是所谓的治外法权。后来日本在实施领事裁判权的过程中发现日美国情不同，民权的强弱有别，同样的罪行，判决结果却有所不同。这也是后世的日本人批判领事裁判权的一个重要原因。

五、对美国人在开放港口散步的规定

起初，汤森·哈里斯向日方提出要求：

> 在日本居住满一年以上的美国人，可以到日本国内的任何地方旅行。

后来，汤森·哈里斯又撤回了这个要求，提议日方：

允许美国人在开放港口方圆四十千米以内散步。江户和京都比较特殊，可做特殊规定。

对此，日方答复说：

我们答应方圆四十千米这个散步范围。不过，从神奈川到江户方向散步不得超过六乡川；从兵库到京都方向散步不得进入距离京都四十千米的范围内。另外，在长崎散步时不得进入私人领地。

此外，日美双方约定：

如果日本和欧洲列强之间发生冲突，美国有责任和义务进行调停。

德川幕府允许外国人有信教的自由，明确表示已经废除了踏绘制度[①]。安政五年（1858年）正月十二日，日美双方谈判结束。日方代表提议德川幕府派人到美国首都华盛顿交换条约批准件。然而，日方考虑到国内的时局，不得不延期签署条约。

第4节　大名的建议及幕府使者上京

安政四年（1857年）十月二十六日，老中堀田正睦在接见汤森·哈里斯之后，命有司讨论是否可以缔结条约。与此同时，堀田正睦派人探听各地大名对签订条约的态度。安政四年十一月十二日，堀田正睦将与汤森·哈里斯的谈话记录给御三家和主要的谱代大名看，征求他们的意见。安政四年十一月十五

---

① 踏绘制度，是德川幕府为了探明外国人是否是基督教教徒而发明的仪式，踏绘有背弃基督教的意思，德川幕府禁止基督教时曾下令让所有民众践踏基督教圣像，违抗者会被处刑。

日，德川幕府召开会议，向一般大名征求意见。德川齐昭修书给堀田正睦，洋洋数千言。信中不乏爱国之情，但措辞傲慢。老中们看完信后不知所云。鸟取藩藩主池田庆德和生身父亲德川齐昭所见略同，依然提倡攘夷论，主张拒绝汤森·哈里斯的要求。福井藩藩主松平春岳和德岛藩藩主、明石藩藩主等一改以前的观点，主张开国论。外样大名岛津齐彬等主张对外开放是迫不得已的选择。这时，有人主张：

> 缔结条约是天下大事，最好在奏请朝廷之后再实施。

德川幕府采纳了这一建议。一直以来，天下大事都是幕府独断专行，从不请示朝廷。这一变化值得注意。早在嘉永六年（1853年），井伊直弼就建议幕府应该奏明朝廷和外国打交道的事情。安政四年（1857年）十二月，幕府在任命井上清直、岩濑忠震为全权代表和汤森·哈里斯进行谈判的同时，命京都所司代胁坂宅安通过关白九条尚忠禀奏朝廷下述事宜：

第一，允许日本和美国通商，并允许美国派驻领事到日本，派驻领事的场所和期限另定。

第二，从开放的港口中去掉下田，另选其他地点。

此外，幕府还派特使到京都禀奏外交谈判的经过，同时回答朝廷提出的问题。

安政四年十一月十五日，德川幕府通知所有的大名："允许和美国进行贸易、外交活动，改革旧制。"并让大名们进行讨论，提出建议。德川齐昭大肆抨击德川幕府做的上述决定，甚至主张斩杀汤森·哈里斯，让堀田正睦、松平忠固这两位老中剖腹自杀。幸好德川齐昭的儿子德川庆喜在场劝谏父亲，让父亲写了道歉信，才平息了这场风波。幕府特使上奏朝廷：

> 幕府与汤森·哈里斯谈判并答应其部分要求并非仅因为美国船坚炮利，而是因为这是不可阻挡的世界大势。汤森·哈里斯蛮横无

理，要求日本开放十个港口，我方据理力争，大大减少了其数量，绝不把京都对美国开放。经过谈判可以避免爆发战争。

朝廷中的公卿闻报后议论纷纷，都指责美国包藏祸心，想通过通商的方式蛊惑日本人民，主张攘夷。孝明天皇闻报后担心美国人会染指畿内及京都地

孝明天皇

岩濑忠震

区，嘱咐德川幕府一定要禁止外国人接近京都。德川幕府考虑到要改变宽永年间以来的闭关锁国的祖宗之法，事关重大，需要借助朝廷的权威，加盖太政官[①]官印将与外国交往并通商之事昭告日本全国。早在安政二年（1855年），幕府老中阿部正弘决定采纳德川齐昭的建议将寺庙里的大钟改铸成大炮时，就奏请朝廷使用太政官官印。当时，井伊直弼不赞成幕府借用太政官官印，因为这有损幕府的权威。而今，朝廷以太政官官印为后盾，指责幕府独断专行，朝廷和幕府的关系开始恶化。在此期间，幕府特使井上清直和岩濑忠震与汤

---

① 太政官，是日本律令制下执掌国家司法、行政、立法大权的最高国家机关，相当于唐朝的尚书省。

森·哈里斯的谈判进展顺利，安政五年（1858年）正月十二日，日美双方达成协议。然而，要在条约上签字必须得到日本朝廷的批准。于是，堀田正睦带着川路圣谟、岩濑忠震上京游说朝廷的公卿。安政五年正月十八日，朝廷终于下旨在条约上签字。

第 11 章

征夷大将军继嗣问题

　　德川幕府的第十三代征夷大将军德川家定秉性温和，身体多病。在国事繁忙之际，德川家定无法驾驭大名、统领百官、处理政务。德川家定的生活并不奢靡，他从小在深宅大院长大，不懂人情世故。老中等向德川家定汇报国家大事，德川家定也没有能力处理。因此，德川家定继任征夷大将军时，大名们都暗中担心不已。嘉永六年（1853年），美国舰队来到日本，国难当头。此时恰逢第十二代征夷大将军德川家庆去世。德川家庆深知自己的儿子德川家定没有能力让日本渡过难关，就下令起用德川齐昭。而后数年内政外交都由老中们处理，德川家定垂拱而治。老中们在处理国务时有不少失误之处，时局艰难，政局不稳。大名、藩士对幕府的执政能力感到担忧。全国的有志之士都对日本的前途感到担忧，担心将国务委托给老中们会毁了日本。因此，日本的有志之士都在思考如何早日找到英才取代昏庸无能的老中们，制定合理的国策，力挽狂澜，抵御外寇。水户藩的德川齐昭是日本的有志之士最看好的人选。然而，德川齐昭不谙海外形势，为人傲慢，冥顽不化，不为幕府所容。日本的有志之士也因此对幕府不满。

　　德川家定体弱多病，无法生育子女。老中和大名们对此都心知肚明。大名们在德川家定继任征夷大将军之前，就私下讨论过德川家定的继嗣问题。拥戴德川齐昭的一派在德川齐昭失势之后，就开始关注德川家定的继嗣问题。一部分大名和幕士希望拥立德川齐昭的儿子德川庆喜来渡过国家危机。

第1节 一桥派的由来及其活动

德川庆喜是德川齐昭的第七个儿子。安政四年（1857年）八月，在老中阿部正弘的建议下，德川家定下令让德川庆喜到江户做一桥家的嗣子。一桥家是御三卿①之一，德川家定让德川庆喜做一桥家的嗣子，是为了让德川庆喜辅佐自己。德川庆喜自幼聪明伶俐，很受德川齐昭的器重。嘉永六年（1853年），德川家定继任征夷大将军。然而，德川家定体弱多病，无望生儿育女，也没有治理国家的才干。大名们都希望德川庆喜做德川家定的继承人。德川吉宗立御三卿的目的就是在征夷大将军无嗣的情况下，让御三卿的嗣子继承征夷大将军之位。大名们猜测德川家定选德川庆喜做一桥家的嗣子也有这一打算。同时德川庆喜名声很好，气度修养不凡，足以让天下人拥戴，德川齐昭一派的人也拥戴德川庆喜。不过，反对德川齐昭的一派不赞成拥立德川庆喜。当时，日本的有志之士倾心于德川齐昭是因为他不拘泥于传统，打破门第录用人才，能够实施新政。因此，各藩国的不得志者都与德川齐昭心心相印，都想改变日本的现状。在嘉永安政之交，听说德川齐昭参与幕府政务，日本的有志之士都欢欣鼓舞。然而，在德川齐昭被排挤出幕府班子之后，日本的有志之士无不扼腕叹息。此后，日本的有志之士开始把希望寄托在德川齐昭的儿子德川庆喜身上。

各藩国的藩士无权参与国政，但藩士们的意见可以对其所在的藩国的藩主产生影响，继而通过藩主对幕府产生影响。福井藩是亲藩，藩主松平春岳出身于田安家，对宗家的命运十分关注。松平春岳私下在为德川家定挑选继承人。在各亲藩中，御三卿之一的德川庆赖、尾张藩藩主德川庆胜、水户藩藩主德川庆笃年龄不合适；纪伊藩藩主德川庆福是德川家齐的孙子，血统最近，但当时刚满十岁，十分幼弱，不适合做征夷大将军世子；一桥家的德川庆喜年龄合适，聪明伶俐，最适合做征夷大将军世子。于是，松平春岳打算

---

① 御三卿，是指田安德川家、一桥德川家和清水德川家，这三家和早前创设的御三家相同，都有做德川幕府征夷大将军的继承人的资格。

德川庆赖

拥立德川庆喜。嘉永六年（1853年）七月二十二日，在大名们为德川家庆发丧之际，松平春岳遇到了与自己志同道合的萨摩藩藩主岛津齐彬，说了自己的想法，得到了岛津齐彬的赞同。松平春岳和岛津齐彬约定好齐心协力促成此事。嘉永六年八月十日，松平春岳就如何应对美国舰队上书德川幕府并拜访了阿部正弘，对阿部正弘表明自己打算拥立德川庆喜做征夷大将军世子。阿部正弘对松平春岳说：

> 这件事情事关重大，暂且不要对其他人讲，等时机成熟之后再对外公布。

伊达宗城

于是，松平春岳也感到时机尚不成熟，就回到了自己的领地福井藩。之后，松平春岳联合与自己志同道合的伊达宗城推举德川齐昭任老中，结果以失败告终。松平春岳又打算推举德川庆胜任老中，也以失败告终。在拥立德川庆喜这一点上，松平春岳和岛津齐彬是一致的，但在外交政策上二人并不一致。岛津齐彬意识到和外国友好通商是不可逆转的世界大势，打算通过与列强通商增强藩国实力而自强。岛津齐彬尽量逢迎德川幕府,暗中尽力拥立德川庆喜做征夷大将军世子。在政见上,岛津齐彬和锅岛直正志同道合。安政三年(1856年)初,水户藩发生内讧。水户藩内的结城朝道一派为了排挤德川齐昭,散布德川齐昭的桃色丑闻,还散布德川庆喜的谣言。因此,德川齐昭在幕府中失势。最后,结城朝道被斩杀,这场风波平息了,但水户藩的内斗并未消失。安政三年十月月末,美国舰队来到日本,外患威胁越来越大。松平春岳深感老中们没有能力让日本度过危机,需要早日确定征夷大将军世子。安政三年十月,松平春岳派密使送信到尾张藩,邀请德川庆胜一起拥立德川庆喜做征夷大将军世子。德川庆胜回信说:

结城朝道

我与您仅有一面之缘，相互之间并不是很了解，私下结党推举德川庆喜恐怕会受到幕府的责备，恕难从命。

其实，德川庆胜的家臣打算拥立德川庆胜做征夷大将军世子，德川庆胜不与松平春岳合作是理所当然的。

当时，不光松平春岳，谱代大名中也有不少人想拥立德川庆喜做征夷大将军世子。上野安中城城主板仓胜明和松平春岳一起劝说阿部正弘和本多忠德拥立德川庆喜。此时，岛津齐彬忙于将养女笃子嫁给德川家定。岛津齐彬是实力雄厚的外藩，如今又和德川家定结亲，自己的地位更加巩固了，便不再热心于拥立德川庆喜之事。安政四年（1857年）三月，在松平春岳的劝说下，阿部正弘见了德川庆喜一面。之后，阿部正弘对松平春岳说：

德川庆喜真是征夷大将军世子的不二人选，并且德川庆喜和他父亲德川齐昭的政见不同，可以拥立他做征夷大将军世子。

安政四年四月六日，阿部正弘病故。这让想拥立德川庆喜的大名们惋惜不已。阿部正弘去世后，堀田正睦继任首席老中，并且允许汤森·哈里斯到江户拜谒征夷大将军。堀田正睦的这一举措招致朝野上下的指责。松平春岳深知排外主义是行不通的，但反对汤森·哈里斯到江户拜谒征夷大将军。松平春岳感到早日定德川庆喜做征夷大将军世子越来越重要。

不久，松平春岳拥立德川庆喜的计划外露，反对派开始警觉起来。德川齐昭及其一派的藩士们希望拥立德川庆喜做征夷大将军世子，结城朝道的余党对此采取了观望的态度。早在安政三年（1856年）春天，德川齐昭就写信给日本朝廷，主张立德川庆喜做征夷大将军世子。这件事情传到老中们那里之后，德川幕府命京都所司代通过武家传奏呼吁朝廷重臣不要采纳德川齐昭的建议。不仅如此，幕府开始怀疑松平春岳一派是在德川齐昭的唆使下建议德川幕府拥立德川庆喜的。岛津齐彬觉察到这一点之后，提醒松平春岳疏远德川齐昭。松平春岳听从了岛津齐彬的劝告，但依然没有打消拥立德川庆喜的念头。

一桥派非常热心于拥立德川庆喜做征夷大将军世子。松平春岳也不断地在幕府官员中做工作。本乡泰固是征夷大将军德川家定的近臣，在幕府中很有势力，也属于一桥派。松平春岳已故的养父的侍女本立院是德川家定的生母本寿院的姐姐。松平春岳利用本立院和本寿院打听德川家定立嗣的意向，但没有得到确切的消息。这时，松平忠固再次做了老中。松平忠固与德川齐昭政见不同，还有私人恩怨，水火不容。这给松平春岳拥立德川庆喜的活动带来了困难。松平忠固所在的藩国财政拮据，松平春岳在经济上帮助松平忠固，又收买松平忠固的家臣，以此搞好与松平忠固的关系。松平春岳还让自己的好友高远藩藩主内藤赖宁试探老中堀田正睦是否有意拥立德川庆喜做征夷大将军世子。安政四年（1857年）九月十六日，松平春岳拜访堀田正睦，建议他拥立德川庆喜。松平春岳又拜访了松平忠固，还让手下人写了称颂德川庆喜的文章送到松平忠固的府上，请求松平忠固拥立德川庆喜。同时，松平春岳再次派家臣通过德川庆胜的家臣劝说德川庆胜拥立德川庆喜，还让人把自己写的信交给德川庆胜，信中强调日本要想化解危机需要早日拥立明主。德川庆胜再次拒绝了松平春岳的请求。

此外，负责财会工作的幕府官员勘定奉行川路圣谟倾向于一桥派，但谨言慎行。岩濑忠震、箱馆奉行堀利熙等也希望拥立德川庆喜。这些幕府官员都与松平春岳一唱一和，为拥立德川庆喜而努力。这时，突然传闻幕府打算拥立德川庆福做征夷大将军世子。另外，堀田正睦已经上京奏请朝廷批准条约。松平春岳让外藩土佐藩藩主山内容堂给堀田正睦汇报肥前、萨摩、仙台等外藩都希望拥立德川庆喜一事。外藩无权参与幕府的政务，只能通过松平春岳等亲藩藩主们向幕府表达自己的意见。然而，事出紧急，松平春岳只好让外藩藩主直接与堀田正睦接触，劝说堀田正睦拥立德川庆喜。当然，松平春岳一开始就明确表示自己从未和外藩藩主合谋。幕府认为外藩藩主讨论征夷大将军的继嗣问题有损征夷大将军的权威。更令幕府担心的是会有外藩藩主悄悄上奏朝廷，让朝廷颁布任命征夷大将军世子的诏令。假如发生这样的事情，无异于朝廷参与废立征夷大将军之事。这是德川幕府最忌讳的事情。德川幕府怀疑松平春岳和外藩藩主勾结，部分老中也对松平春岳十分反感。征夷大将军的继嗣问题和朝廷批准条约的问题开始关联起来，导致事态越来越复杂。

第2节 南纪派的由来及其活动

南纪派是指试图拥立纪伊藩藩主德川庆福做征夷大将军世子的政治力量。南纪派的核心人物是彦根藩藩主井伊直弼。无论立谁，早日为德川家定将军立世子当时已经成为日本全体国民的共识。松平春岳等一桥派人士为拥立德川庆喜而四处活动时，南纪派也四处奔走，试图拥立德川庆福。早在安政元年（1854年）五月，井伊直弼就给老中松平忠固写了一封信，信中说：

> 早日立将军世子对稳定民心十分重要，这样一来，就可以巩固国本。我希望在今年年内定下此事。日本全国的有志之士正在关注这个问题。

安政二年（1855年）正月，井伊直弼再次写信给幕府老中，问是否已经确定了征夷大将军世子的人选。这时，井伊直弼还没有建议幕府立德川庆福做征夷大将军世子。不过，德川齐昭是极端的攘夷派人物，井伊直弼是开国论者，和德川齐昭政见不同，水火不容，是不会赞成立德川齐昭的儿子德川庆喜做征夷大将军世子的。安政元年，井伊直弼奉命守护京都，兢兢业业。安政二年，俄国军舰来到大阪，京畿震动。有人向德川幕府进谗言，说井伊直弼处置不当。德川幕府命京都所司代胁坂安申斥了留守京都的井伊直弼的家臣。井伊直弼对幕府不分青红皂白的处理方法非常不满。当时，德川齐昭参与幕府政务，胁坂安和德川齐昭关系很好。德川齐昭在处罚井伊直弼一事中起到了主导作用。德川齐昭和井伊直弼的关系不断恶化。安政二年，德川齐昭的水户藩

井伊直弼

发生内讧，井伊直弼利用这一机会在幕府内部活动，逐渐将德川齐昭排挤出幕府。安政三年（1856年），幕府高层的人事发生更迭。实际上，这是井伊直弼和德川齐昭进行对抗的结果。松平忠固和井伊直弼关系很好，遭到了德川齐昭的弹劾而被阿部正弘免职。而此时在井伊直弼的推荐下，阿部正弘让堀田正睦任老中。这对德川齐昭是一个重大打击，此后德川齐昭被排挤出幕府。一桥派和南纪派的势力此消彼长。不久，这两股政治势力开始在征夷大将军世子的问题上进行争斗。松平春岳等一桥派人士想拥立聪明贤能的德川庆喜，井伊直弼则认为与征夷大将军的血缘关系的远近比贤能与否更重要，是聚拢人心的关键所在。井伊直弼也向关白九条尚忠表明了这一观点。南纪派的主张是维护征夷大将军的威严，防止德川幕府的统治基础动摇。一桥派的主张是统一日本全国的人心比维护征夷大将军的威严更重要。

在立世子的问题上，德川家定的女眷的意向不好揣摩。德川家定并非固执己见之人。德川家定的生母本寿院非常强势，向来忌恨德川齐昭，不希望立德川庆喜为世子。德川家定的夫人笃子听从养父岛津齐彬的建议，希望立德川庆喜为世子，但斗不过本寿院一派。南纪派对这一情况了如指掌。德川庆福和家臣们与井伊直弼联手，在德川幕府和大名之间游说。

在一桥派加紧活动敦促老中们立德川庆喜做征夷大将军世子时，老中们采取的态度是阳奉阴违。首席老中堀田正睦在安政五年（1858年）去京都之前就倾向于拥立德川庆福做征夷大将军世子。堀田正睦与井伊直弼商议如何应对一桥派的活动。松平忠固和井伊直弼政见相同，主张维护征夷大将军的威严。松平忠固刚任老中，就和井伊直弼加紧活动，力争拥立德川庆福。与此同时，松平忠固对一桥派阳奉阴违。老中久世广周表面上明哲保身，不蹚浑水，实际上在立场上和堀田正睦保持一致。由此可知，在堀田正睦上京之前，幕府中除几个官员之外都属于南纪派。因此，看到松平春岳等一桥派人士东奔西走进行活动时，南纪派胸有成竹，泰然自若。然而，到了安政五年，形势发生了变化，让南纪派措手不及。有三四个大藩国的大名到京都进行了最后的活动。征夷大将军的继嗣问题演变为朝廷和幕府的问题。

第 12 章

朝廷和幕府的交涉

嘉永末年，幕府内忧外患频仍。在这一社会背景下，朝廷和德川幕府的政治地位发生了变化。德川家康开设幕府之后，制定了十七条禁中条令[①]，严密控制朝廷。天皇只能做学问、写和歌来消磨时光。三公[②]及以下的朝臣也都是空有虚名，没有任何实权，为了苟且偷安，都看幕府官员的眼色行事。之后的两百年间，幕府对尊皇派一直采取了打压的政策。国家政务事无巨细都由幕府做主，朝廷无权干涉。然而，嘉永年间之后，幕府屡屡遣使至京都，将内外大事上奏朝廷。不仅如此，有时幕府还借助朝廷敕令行使幕府的政令。为什么朝廷和幕府的关系发生了这样的变化？原因如下：其一，日本国学思想和中国的文教在日本的普及所起的作用不容忽视。其二，幕府权威衰落，大名实力增强。大名不再在乎幕府的禁令，开始与朝廷的公卿交往甚至联姻。日本的大名们开始尊重朝廷的权威而忽视幕府的命令。

第1节 嘉永安政年间幕府对朝廷的态度

德川光圀和本居宣长鼓吹水户学及日本国学，主张天皇万世一系，天皇的尊严宇内无比。这些思想对当时的日本人的思想产生了潜移默化的影响。皇

---

① 十七条禁中条令，指的是《禁中并公家诸法度》。
② 三公，在日本指的是太政大臣、左大臣、右大臣。

室及公卿的自尊观念越来越强，幕府官员们也开始尊重朝廷，逐渐意识到皇权和朝廷圣旨神圣不可侵犯。

美国舰队来到日本之后，外患当前，处置不当会给日本带来灾难。幕府掌握着政权，可以相机行事。尽管如此，幕府和大名们都认为事关重大，必须禀奏朝廷。于是，嘉永六年（1853年）六月九日，幕府遣使将马休·佩里的所作所为和前后经过都禀奏了朝廷。朝廷于嘉永六年六月十六日答复说：

> 朝廷信任幕府，但国难当头，天皇深感不安，希望在寺社祈祷国家太平。

德川家庆去世后，武家传奏三条实万等作为敕使东下江户宣布任命德川家定为征夷大将军的圣旨。三条实万到江户之后，将关白的一封信交给老中阿部正弘等，信中写道：

三条实万

朝廷希望幕府采取得力措施处理好日美关系，以安圣心。

阿部正弘等传阅之后，答复说：

如果不充实军备，无法对美国采取强硬措施。轻启战端，必然会给国家带来深重的灾难。请天皇陛下安心，幕府责无旁贷。朝廷如有指示，尽管下令，幕府一定照办。

安政元年（1854年）四月六日，皇宫失火，孝明天皇暂居行宫。阿部正弘赶紧命令有司筹款重建皇宫。近卫忠熙通过尾张藩藩主德川庆胜请求德川

近卫忠熙

幕府在重修皇宫时扩大占地面积，德川幕府照办了。美国舰队来日本后，京都人心惶惶，德川幕府派彦根藩藩主井伊直弼等加强京都的防守。嘉永六年（1853年）九月，俄国使节叶夫菲米·瓦西里耶维奇·普佳京率军舰来到大阪海面，京都市民惶恐不安。井伊直弼闻报后，赶紧派兵保卫京都。不久，叶夫菲米·瓦西里耶维奇·普佳京离开大阪海面，京都才平静下来。之后，德川幕府增派兵力重点防守大阪港，确保京都的安全。在孝明天皇暂居行官期间，德川幕府给孝明天皇献上了一万两黄金，表示孝敬。这一举措让朝廷上下感动不已。这些都说明德川幕府尊重朝廷和天皇。安政二年（1855年），皇宫竣工，比原来的皇宫占地面积大了很多，建筑用料考究，非常气派，体现了德川幕府尊奉朝廷的态度。俄国使节和幕府代表在下田谈判时，德川幕府也遣使到京都将这一情况禀奏朝廷。每当大名们对德川幕府的措施不满时，德川幕府就借用朝廷的太政官官印予以实施，结果效果很好。此外，德川幕府还遣使将日本和美国、英国、俄国签订的条约的副本带到京都，呈递给朝廷，让朝廷了解幕府不得不对外开放港口的苦衷。关白鹰司政通同意了德川幕府签订的条约。安政三年（1856年）以后，汤森·哈里斯来日本谈判通商和领事裁判权的事宜。汤森·哈里斯蛮横无理，极尽恫吓之能事，搞得日本国内人心惶惶。德川幕府进一步加强了京都的守卫工作。在与汤森·哈里斯缔结了《日美修好通商条约》之后，德川幕府遣使到京都，将条约的内容、签订条约的经过等禀奏朝廷。

第2节　幕府奏请朝廷批准《日美修好通商条约》

安政四年（1857年）年末，幕府特使林复斋等上京禀奏《日美修好通商条约》谈判的经过，请求朝廷予以批准。然而，朝廷不仅没有批准条约，还责备幕府在与外国缔结条约时独断专行。大名们主张岩濑忠震等签订的《日美修好通商条约》需要经过朝廷批准才能生效。安政五年（1858年）正月八日，老中堀田正睦带着川路圣谟等来到京都，试图与朝廷在外交政策方面达成一致。以堀田正睦为首的幕府官员们并不了解朝廷情况，误判了形势，认为："朝臣们不了解国内外形势，见钱眼开，只要给他们一些黄金，他们就会听从幕府的命令。幕府的权威依然如故，只要自己说一句话，朝臣们就会俯首帖耳照办。"因此，堀田正睦在上京之前对松平春岳等说："此番进京只需旬日，一切事情便可以办理妥当。"同时堀田正睦与汤森·哈里斯约好于安政五年（1858年）三月五日在条约上签字，暂时让汤森·哈里斯回到下田等消息。然而，幕末的幕府权威已经扫地，和宽政时期不可同日而语。同时，尊皇思想方兴未艾，朝臣们的自尊自重意识越来越强，有的朝臣甚至主张恢复皇权。不仅如此，有四五个实力雄厚的外藩也对幕府不满，怀有二心。

此外，还有一些自称属于尊王派的书生，平时怀才不遇，对幕府不满，出入朝臣们的府邸，煽风点火，宣扬攘夷思想及本居宣长等的国学。这些书生形成了一股政治势力，在京都到处游说，企图借朝廷的权威匡正幕府的弊政。尊王派书生采取的第一步措施是尊王攘夷。这为后来的尊王讨幕奠定了基础。尊王派书生还到各藩国游说，标榜改革，经常和水户、长州、萨摩、土佐、熊本等各藩国的保守派发生冲突，有的书生因此遭遇惨祸。有些藩主采纳了尊王派书生的建议并上书德川幕府。由于幕府没有采纳这些藩主的意见，这些藩主开始支持朝廷的大臣们，以逼迫幕府同意自己的建议。这些藩主与朝臣们的来往是秘密进行的，幕府很难察觉。本来，很多藩主和朝臣们已经联姻，这样活动起来更方便了。尾张藩和萨摩藩与近卫家联姻、水户藩与鹰司家联姻、土佐的山内氏与三条家族联姻便是典型案例。这种政治联姻对政局产生了重大影响。

因关白九条尚忠患病没有上朝，堀田正睦进宫禀奏孝明天皇：

> 列强船坚炮利，闭关锁国无以为继，只能与列强签订友好通商条约。然而，日本国内主张攘夷、反对缔约者不少。因此，幕府需要借助朝廷的权威批准条约，稳定国内局势。

之后，堀田正睦拜访了九条尚忠。太阁[①]鹰司政通对堀田正睦避而不见。孝明天皇下旨让朝臣们讨论是否应该批准条约。朝臣们不了解国外形势，又听信了尊王派书生的言论，强烈主张攘夷，坚决反对幕府与列强缔约。安政五年（1858年）二月十一日，武家传奏、议奏、德大寺公纯、万里小路正房等到京都本能寺拜访堀田正睦，将参议以上的朝臣们的建言书交给堀田正睦，都表示强烈反对幕府缔约。

不仅如此，亲藩和外藩中也出现了尊王派。安政四年（1857年）十一月，德川齐昭写密信给鹰司政通说："如果朝廷不下达攘夷敕令，天下必然大乱。"安政五年二月十一日，蜂须贺齐裕上书鹰司政通，说："列强逼迫幕府开放距离京都很近的港口，国家危急。如果京都有难，我愿带兵上京守卫皇宫。"起初，蜂须贺齐裕和松平春岳一样，都坚决支持幕府，如今却站在了尊王派一边。尾张藩藩主德川庆胜也向近卫家表达了尊王的意愿。此外，仙台藩藩主、鸟取藩藩主等的家臣们也偷偷到京都活动，向朝廷表达了尊王的想法。朝臣们看到幕府和亲藩、外藩有矛盾，便趁势提出自己的主张。

安政五年二月二十三日，朝廷做出决议并派人到本能寺告知堀田正睦，大意是：

> 如果缔约，朕担心外夷会惊动神宫和祖宗之灵。朕希望幕府注意下述问题。
> 第一，为了避免外国人接近畿内和皇宫周围的藩国，不允许开兵库。
> 第二，派实力雄厚的藩主守卫京都。
> 第三，开放几个港口，允许外国人建商馆，严加管理。
> 朕希望幕府也征求三亲藩及以下各藩国大名的意见，之后上报朕。

---

① 太阁，是摄政、关白让渡职位之后的专有称号。

不久，堀田正睦让人将朝廷的决议的副本送到江户。之后，松平忠固、久世广周、胁坂安宅这三位老中和堀田正睦联名写了奏折，就上述朝廷决议做了申辩，并解释了与汤森·哈里斯达成的协议，强调：

> 条约基本上达到了朝廷的要求，与外国缔约的目的是加强友好关系，通过通商富国强兵。只要日方不节外生枝，列强不会再生事端。如果日方拒绝缔约，列强必然开启战端。

前关白鹰司政通和九条尚忠因有私人恩怨，政见不合。当时鹰司政通已经七十岁了，负责宣旨，德高望重。然而，鹰司政通为人保守，反对改革。鹰司政通的儿子鹰司辅熙任右大臣，和父亲政见相同。此外，久迩宫朝彦亲王、左大臣近卫忠熙等也都主张攘夷，想阻止幕府缔约。久迩宫朝彦亲王能够直接觐见孝明天皇陈述意见，所以孝明天皇对幕府并不信任。安政五年（1858年）二月二十三日，堀田正睦通过武家传奏在京都上下打点。然而，这一举措带来了非议，并未达到目的。鹰司政通和武家传奏因与幕府关系很近，被孝明天皇免职。

在堀田正睦上京之际，彦根藩藩主井伊直弼派家臣长野主膳到京都和九条尚忠的家臣岛田正辰联手替幕府周旋。这是因为推荐堀田正睦任老中的是井伊直弼，并且井伊直弼与堀田正睦政见基本相同。长野主膳不辱使命，经过私下走动，将九条尚忠拉到了幕府这一边。与此同时，鹰司政通父子的态度发生了变化，不再支持幕府。而九条尚忠的措施不当，因私废公，遭到朝野上下的怨恨。因久迩宫朝彦亲王能够经常接近孝明天皇，九条尚忠怕对自己不利，便禁止久迩宫朝彦亲王上朝。不仅如此，九条尚忠还打算禁止近卫忠熙和三条实万上朝。此事泄露后，三条实万进宫向孝明天皇申诉："九条尚忠禁止三公上朝的做法是非法的。"此举令九条尚忠处于被动地位。不仅如此，九条尚忠独断专行，欲下达朝廷对幕府的决议，大意是："一切事宜，朝廷都委任幕府全权处理。"三条实万等强烈反对，阻止了这一决议的下达。孝明天皇也反对九条尚忠做出上述决议，并下旨让近卫忠熙、三条实万上朝。三条实万主张："朝廷不应将一切事务都委任给幕府处理。"然而，还有一些公卿支持幕府。九条尚忠将上述决议改了个别字词，但中心思想还是主张朝廷将一切事务委任给幕府处理。很多公卿对此不满，朝堂上吵得沸沸扬扬。久迩宫朝彦亲王开始上朝，鹰司政通父子明确反对幕府。这时，支持幕府的只有九条尚忠和武家传奏东坊城聪长。大原重德非常激进，要杀掉东坊城聪长，结果误伤了德大寺氏。

于是，九条尚忠大幅度改动朝廷给幕府的决议，这才获得通过。决议的大意是："只允许开放长崎和箱馆两个港口。"然而，在末尾处又有"朝廷将一切事务委任给幕府处理"这些字。结果，数百人到九条尚忠的府邸要求修改，九条尚忠只好去掉了这些字。之后，久迩宫朝彦亲王、内大臣三条实万、大纳言山中忠能这三人负责朝廷的海防事宜，攘夷派在朝廷中占了优势。接着，朝廷打破两百多年的惯例，不经幕府的同意就罢免了东坊城聪长的武家传奏职务。不仅如此，朝廷还向幕府下达了最后的决议："幕府的外交政策失当，朕非常失望。经过朝堂讨论，朕决定不批准条约。兹命老中堀田正睦速回江户向将军复命。"公卿对德川幕府的不满已经积压了很久，趁此机会都发泄出来了，这股气势足以动摇幕府的权力基础。堀田正睦接到朝廷的决议后，说："容我等深思熟虑后答复朝廷。"堀田正睦召集武家传奏和议奏前来商量对策，二人却借故不来。于是，堀田正睦以威胁的口吻向朝廷做出了答复："缔约一事事出无奈，如果朝廷不批准条约，今后是战是和幕府无法做出决定，更无法承担后果。"安政五年（1858年）二月二十八日，幕府派人通知堀田正睦："汤森·哈里斯想在安政五年三月二日抱病到江户签订条约。"堀田正睦给汤森·哈里斯回信说："我正在奏请朝廷批准条约，估计要费些时日，希望您能宽限几日。"然而，之后过了二十天，还是得不到朝廷的批准。堀田正睦十分烦恼，想："就这样回到江户，会有辱使命，并且汤森·哈里斯逼得很紧。倒不如将朝廷一军，让他们今后不再插手外交事务。"于是，堀田正睦派岩濑忠震、川路圣谟与公卿们详谈，做他们的工作，向他们讲明利害得失。朝廷接到堀田正睦的答复后，态度更加强硬：

此次的条约绝对不能批准,如果美国发兵攻打日本,那也是不得已的。总而言之,幕府要拼死防守,保障朕的安全,不损国体,永绝后患。幕府要商议切实措施之后,上奏朝廷。

由此可见,幕府和朝廷在对外政策上水火不容,难以调和。堀田正睦意识到即便逗留京都四处斡旋,也无望让朝廷批准条约,便于安政五年(1858年)四月五日离开京都。至此朝廷和幕府之间出现了难以逾越的鸿沟。

第3节　一桥派与南纪派的暗斗

安政五年二月,彦根藩藩主井伊直弼的家臣长野主膳在京都为幕府四下活动时,获悉水户藩和萨摩藩正在秘密策划拥立德川庆喜做征夷大将军世子。

长野主膳

水户藩的德川齐昭请自己的姐夫鹰司政通在朝廷里活动，以便拥立德川庆喜做征夷大将军世子。安政四年（1857年）十一月以来，德川齐昭贿赂鹰司政通，让他敦促幕府立德川庆喜做征夷大将军世子。不仅如此，德川齐昭还联合萨摩藩藩主岛津齐彬，打算让朝廷以敕令的方式命令幕府立德川庆喜做征夷大将军世子。此外，德川齐昭还拜托内大臣三条实万从中斡旋。一直以来，井伊直弼就想拥立纪伊藩藩主德川庆福做征夷大将军世子，听说德川齐昭的所作所为后，井伊直弼无法视而不见。井伊直弼派家臣长野主膳拜见关白九条尚忠，求他为此事斡旋。这时，堀田正睦上京奏请朝廷批准条约，一桥派希望朝廷在就条约一事答复堀田正睦的同时，下敕令给堀田正睦，拥立德川庆喜做征夷大将军世子。安政五年（1858年）二月二十日，近卫忠熙和三条实万一起奏请孝明天皇敦促九条尚忠答应德川齐昭和岛津齐彬的请求，催促德川幕府立德川庆喜做征夷大将军世子。九条尚忠认为德川齐昭与外藩的大名岛津齐彬勾结立自己的儿子德川庆喜做征夷大将军世子的做法是不合适的。九条尚忠还让长野主膳将此事告知井伊直弼，并征求井伊直弼的建议。长野主膳回答说：

> 关白大人，我主君井伊直弼的想法我最清楚不过。他认为将军的人选最重要的是看血缘，血缘近才有权威，而不是看是否贤能。再者，日本的传统是重视血缘而不是才能。

由此可见，南纪派依靠关白九条尚忠来与一桥派对抗。

安政五年一月月末，一桥派的核心人物松平春岳和志同道合的土佐藩藩主山内容堂商量之后，派自己的谋臣桥本左内到京都找三条实万帮忙。松平春岳担心："堀田正睦奏请朝廷批准条约不顺利的话，会导致朝廷和幕府的关系破裂，影响立将军世子问题。"于是，松平春岳派桥本左内在京都四处游说，支持堀田正睦。桥本左内到了京都之后，获悉九条尚忠支持南纪派，就将精力放在继嗣问题上。桥本左内学识渊博，口齿伶俐，说服了三条实万拥立德川庆喜做征夷大将军世子。松平春岳的家臣中根氏通过鹰司政通父子的家臣小林三

山内容堂

国劝说鹰司政通父子加入了一桥派。这样,朝廷倾向于拥立德川庆喜做征夷大将军世子。

一桥派和南纪派之争与德川幕府奏请朝廷批准条约关系密切。松平春岳在江户为立德川庆喜做征夷大将军世子而四处奔走。在家臣桥本左内上京的第二天,松平春岳接到了岛津齐彬的一封信。岛津齐彬在信中建议松平春岳游说近卫忠熙、三条实万帮忙。这让松平春岳感到十分疑惑。松平春岳是亲藩藩主,宁愿与外藩藩主联手,也不愿借助朝廷的势力逼迫德川幕府听从自己的建议。松平春岳担心自己与朝廷重臣联合会得罪德川幕府。松平春岳不惜使用苦肉计，在老中松平忠固面前揭露岛津齐彬勾结朝廷重臣的行为。结果，松平春岳搬起石头砸了自己的脚。为了拥立德川庆喜做征夷大将军世子，水户藩和萨摩藩在江户和京都四下活动。南纪派对这一点了如指掌。南纪派获得了征夷大将军德川家定的近臣及生母的支持，也得到了多数老中的支持，以为拥立德川庆福做征夷大将军世子胜券在握。而今，南纪派担心一桥派会得到任命德川庆喜做征夷大将军世子的敕令。长野主膳和岛田正辰联手将九条尚忠拉拢到南纪派一派也是因为这个原因。南纪派想利用九条尚忠的关白职权阻止朝廷下达立德川庆喜做征夷大将军世子的敕令。结果，九条尚忠和三条实万、近卫忠熙发生内斗。

此时，江户的一桥派希望朝廷为自己斡旋成功。堀田正睦因朝廷不批准条约而烦恼。鹰司政通等掌握了朝廷的实权，支持一桥派立德川庆喜做征夷大将军世子。因此，一桥派认为达到自己的目的是毫无悬念的。一桥派唯一担心的是德川家定的近臣及生母与德川齐昭关系很差。因此，松平春岳派人在京都四下活动的同时，加强了在江户的活动力度。松平春岳劝说尾张藩藩主德川庆胜协助自己拥立德川庆喜做征夷大将军世子，德川庆胜没有答应。松平春岳向自己的异母弟弟德川庆赖求助，让他以御三卿的身份向幕府提出建议。然而，德川庆赖本人也想做征夷大将军世子，松平春岳无法得到德川庆赖的帮助。

水户藩的家臣为了拥立德川庆喜，不仅在京都四处活动，还和松平春岳及其家臣们联手。然而，德川庆喜本人对征夷大将军世子之位不感兴趣。家臣平冈圆四郎屡屡规劝德川庆喜，但德川庆喜就是不听。平冈圆四郎制订了一个计划："在拥立德川庆喜的同时，推举松平春岳为大老①或者德川庆喜的监护人，利用松平春岳的声望和见识辅佐德川庆喜。"松平春岳听后面露难色，但这也是不得已的方案。

松平春岳还和岛津齐彬的家臣西乡隆盛谋划，让德川家定的夫人笃子做

---

① 大老，是日本德川幕府的官职，负责辅助征夷大将军管理政务，地位在老中之上，是临时性的最高职位。

西乡隆盛

内应,帮助一桥派。然而,德川家定的母亲本寿院帮助南纪派,阻止笃子接近并游说德川家定。不仅如此,本寿院还逼迫笃子,让她写信劝养父左大臣近卫忠熙帮助南纪派拥立德川庆福做征夷大将军世子。南纪派在征夷大将军内眷中的势力根深蒂固。南纪派和一桥派争相玩弄权术,争斗不已。在鹰司政通、三条实万等的鼓动下,朝廷没有批准条约,还下令幕府早日确定征夷大将军世子的人选，要求征夷大将军世子的人选要英明、年龄稍长、众望所归。如今，一桥派万事俱备，只欠东风。其中起关键作用的是堀田正睦的态度。堀田正睦忖度朝廷的敕令之后，倾向于立德川庆喜做征夷大将军世子。然而，井伊直弼就任大老一职，给一桥派带来了重创。

第13章

井伊直弼主政

井伊直弼是彦根藩藩主，俸禄为三十五万石，在谱代大名中居于首位。每一代彦根藩藩主都出任幕府的大老一职。井伊直弼的祖先井伊直政为德川幕府的创立立下了汗马功劳。在太平年月，井伊家族出任大老一职，辅佐征夷大将军治理天下。井伊家族与德川氏休戚与共。井伊直弼是庶子，于嘉永三年（1850年）接替兄长井伊直亮做了藩主。井伊直弼锐意改革藩政，革除苟且偷安的官吏作风，大大增强了彦根藩的实力。井伊直弼受家臣长野主膳的影响，爱读国学书籍，受到尊皇思想的熏陶。然而，后来井伊直弼主政之后，压制大名，致力于维护德川幕府的权威，罔顾国内外形势，内政外交措施失当，导致百姓怨声载道。尽管如此，井伊直弼的初衷是想兢兢业业工作，力挽狂澜。

第1节 井伊直弼就任大老及当时的形势

安政五年（1858年）四月二十日，老中堀田正睦从京都回到江户。为了维持自己的老中地位，松平忠固假装站在一桥派一边，却在暗中帮助南纪派。松平忠固认为：

> 水户藩和纪伊藩是亲藩，插手拥立将军世子的问题情有可原。而萨摩藩、土佐藩等外藩和公卿勾结，借助朝廷权威给幕府施加压力，企图拥立德川庆喜。这是令人难以忍受的。

井伊直弼倾向于南纪派，对幕府忠心耿耿。因此，松平忠固决定和井伊直弼联手。松平忠固打算推举井伊直弼做大老，借助井伊直弼的威望掌握幕府的实权。因此，松平忠固与征夷大将军德川家定的近臣及德川家定的生母本寿院联手，劝德川家定提拔井伊直弼做大老。这时，堀田正睦察觉到水户藩藩主、萨摩藩藩主及诸多大名和朝廷都希望拥立德川庆喜做征夷大将军世子，并且一桥派想推举松平春岳做大老。堀田正睦意识到如果拥立德川庆喜做征夷大将军世子，幕府就能笼络大名，巩固幕府的统治。这样一来，堀田正睦和松平忠固的政见出现了分歧。

德川幕府决定推选大老主政，渡过难关。堀田正睦建议德川家定任命松平春岳为大老。然而，松平忠固通过德川家定的近臣和本寿院建议德川家定任命井伊直弼为大老。最终，德川家定听从了松平忠固的建议，于安政五年（1858年）四月二十二日说："无论从门第上还是威望和才能上来看，井伊直弼都比松平春岳更适合于大老一职。"这时，幕府官员药师寺氏向井伊直弼告密说："德川齐昭打算废黜将军，立德川庆喜为将军，由德川齐昭掌握幕府实权。"听闻此言，井伊直弼越来越确信："德川齐昭野心勃勃，一桥派是德川齐昭的爪牙，对幕府十分不利。"安政五年四月二十三日，德川家定正式任命井伊直弼为大老。当天，井伊直弼就召集幕府重臣开会，让老中们畅所欲言。井伊直弼被任命为大老很突然，外界和幕府内部都颇感意外。幕府官员们对井伊直弼的人品和政见一无所知，把井伊直弼当作没有见识的"小字辈"。有的幕府官员认为井伊直弼不过是一个受人摆弄的傀儡。永井尚志、岩濑忠震等负责与外国谈判的幕府官员认为以井伊直弼的才能无法处理幕府面临的诸多难题，埋怨老中们推举井伊直弼是识人不清。然而，人们并不知道井伊直弼性格刚毅，做事果断，凡是自己认为是正确的事情就毅然决然地去做。井伊直弼敢作敢当，想力挽狂澜。

井伊直弼新官上任，首先要处理的问题就是宣布朝廷就条约下达的敕令。松平忠固相信可以通过幕府的权威压制大名，主张不公布朝廷的敕令。包括堀田正睦在内的大多数幕府官员认为不公布敕令不合适。幕府内部出现了意见分歧。井伊直弼就任大老后,当天就决定择日将朝廷不批准条约的敕令对外公布。安政五年(1858年)四月二十五日,井伊直弼召集所有在江户的大名开会,将这道敕令的副本交给大名们传阅。之后,井伊直弼让堀田正睦对大名们讲了下面一段话:

> 天皇陛下绝对不想开启战端,是否批准条约关系到日本全国的命运。一旦处理失当,会带来难以预料的后果。要想天下太平,只能在条约上签字。希望大家讨论这道敕令,畅所欲言。

松平春岳等一桥派人士主张日本对外开放。松平春岳派家臣桥本左内到京都游说内大臣三条实万等说:"闭关攘外无以为继,希望大人支持堀田正

桥本左内

睦。"然而，德川齐昭、尾张藩的德川庆胜依然主张闭关攘外，与幕府的政见背道而驰，并且导致朝廷和幕府之间的矛盾越来越深。幕府越来越忌恨德川齐昭，最终会影响到拥立德川庆喜做征夷大将军世子的问题。德川庆胜是御三家之一，有恃无恐，根本不在乎幕府的权威是否受到损伤，公开宣扬应该尊重朝廷的敕令。松平春岳对此十分担忧，写信规劝德川齐昭洞察形势，改变自己的陈词滥调，和幕府保持一致。出于对幕府的忠诚，松平春岳让自己的家臣通过德川庆胜的家臣规劝德川庆胜改变政见，拥护幕府。

为了维护幕府的权威并贯彻自己的政治主张，井伊直弼坚定地站在南纪派一边。井伊直弼在就任大老之后，和松平忠固联手打压一桥派。幕府高层中只有堀田正睦支持一桥派。井伊直弼和松平忠固对堀田正睦十分不满。松平忠固仗着井伊直弼支持自己，狐假虎威，压制堀田正睦。因此，支持一桥派的幕府官员开始倾向于支持南纪派。永井尚志、岩濑忠震等一桥派的坚定支持者们在重重压力之下也不敢公开支持一桥派了。一桥派的势力日益衰弱，井伊直弼拥立纪伊藩藩主做征夷大将军世子的决心越来越坚定。井伊直弼和老中们都支持南纪派，堀田正睦也不敢再唱反调了。于是，堀田正睦和井伊直弼等一起拜谒德川家定，说明征夷大将军世子的候选人有德川庆福和德川庆喜这两个人，由德川家定做出决定。安政五年（1858年）五月一日，德川家定下令立德川庆福为世子。有的老中担心这一决定会遭到一桥派的强烈反对，主张在公布德川家定的决定之前说服松平春岳和伊达宗城等一桥派的核心人物。于是，井伊直弼把松平春岳和伊达宗城叫到自己府里，对二人说：

> 德川庆福和德川家定将军的血缘最近，已故德川家庆将军也有立德川庆福为德川家定的世子的打算。德川庆喜虽然英明，但并非没有缺点。再者，德川齐昭的所作所为有很多失当之处。如果立德川庆喜为将军世子，德川齐昭会做出什么事来谁也无法预料。如果立德川庆福为将军世子，你二人能否尽弃前嫌，辅佐德川庆福？

松平春岳和伊达宗城回答说："我们二人没有异议，但德川庆福在大名中的口碑并不好，搞不好会天下大乱。"一桥派立德川庆喜做征夷大将军世子的计划彻底失败，但一桥派并未心甘情愿认输，而是策划如何扳倒井伊直弼。

之后，松平忠固开始在幕府内部清除一桥派的势力，寻找各种借口将倾向于一桥派的土岐氏、川路圣谟等贬谪了。之后，幕府上下都开始指责井伊直弼和松平忠固，说他们公报私仇，排斥异己。川路圣谟等曾经和堀田正睦一起到京都奏请朝廷批准条约，而今川路圣谟等被贬谪，预示着堀田正睦的地位也不稳固了。堀田正睦和岩濑忠震、永井尚志等能够保住官位是因为：其一，伊达宗城等向井伊直弼讲明了利害得失；其二，当时堀田正睦和岩濑忠震、永井尚志等都是有用之才。从此时起，井伊直弼禁止幕府官员和大名来往，防止大名获悉幕府的消息。

一桥派在实施扳倒井伊直弼的计划时，行动非常隐秘，主要有这些活动：其一，找人劝说井伊直弼或者松平忠固带着大名们的建议上京。一桥派乘虚而入，卷土重来。其二，让松平春岳作为幕府特使在朝廷周旋，争取朝廷支持一桥派，对幕府施加压力。其三，推举松平春岳做"大权"，地位在大老井伊直弼之上。其中最后一项活动最令幕府担心。

水户藩的家臣为了挽回一桥派的势力不遗余力，原因是：井伊直弼的势力根深蒂固，很难动摇。水户藩的支脉赞歧高松藩藩主松平赖恕和井伊直弼结成了儿女亲家①。水户藩中的结城派的残余势力甚嚣尘上，水户藩的内讧又要开始了。因此，无论如何，水户藩都要扳倒井伊直弼，确保水户藩的安全。

幕府担心一桥派会为了泄私愤在朝廷批准条约上做手脚，所以在决定立德川庆福做征夷大将军世子之后，并未对外宣布。松平春岳等联合尾张藩藩主、水户藩藩主和一些谱代大名故意拖延时日，不就条约问题提出建议，以图东山再起。这是因为松平春岳等意识到，在大名们就不批准条约的朝廷敕令提出建议后，井伊直弼等才会宣布德川家定立德川庆福为世子的决定。水户藩的谋士们打算劝说藩主德川庆笃和尾张藩藩主德川庆胜拜谒德川家定，

---

① 松平赖恕的四儿子松平赖聪娶了井伊直弼的次女松平千代子。

要求德川家定免去井伊直弼等的职务。因为实现无望,最后这个计划没有付诸实施。

接着,松平春岳和伊达宗城采取了新的措施:"利用土佐藩藩主山内容堂和前内大臣三条实万的姻亲关系①,让山内容堂劝说三条实万和左大臣近卫忠熙联手,敦促朝廷下旨让幕府立德川庆喜为将军世子。"松平春岳和伊达宗城考虑到三条实万和井伊直弼过从甚密,让三条实万劝井伊直弼拥立德川庆喜。

然而,一桥派的上述谋略都以失败告终。安政五年(1858年)五月月末,大名们将建议书递交给幕府。安政五年六月一日,一桥派的核心人物派人散布谣言,说征夷大将军德川家定准备立德川庆喜为世子。这给不知情的一桥派带来了一些希望。按照惯例,德川幕府在确定征夷大将军世子之后要奏请朝廷批准,并且不具体说明要立谁为世子。朝廷也不细问幕府立谁为世子,就会下旨批准。这是松平春岳等一桥派人士唯一可以利用的机会。然而,此时数国军舰来到日本。为此,朝野震动,令幕府大员们始料未及。这为解决条约问题和征夷大将军世子人选问题提供了机会,也让幕府和尊王派、一桥派和南纪派的斗争更加激烈。

第2节 《日美修好通商条约》的签订

安政五年正月五日,日美双方已经就通商条约达成协议。日方承诺在安政五年三月五日奏请朝廷批准条约。然而,堀田正睦上京奏请朝廷批准条约进展不顺,要求美国使节延期签约。之后,朝廷也没有同意批准条约,堀田正睦又要求汤森·哈里斯延期签约。汤森·哈里斯听说德川幕府掌握着日本的政权,奏请朝廷只是形式。然而,日本朝廷迟迟不批准条约,汤森·哈里斯决定到京都直接交涉此事。后来,汤森·哈里斯意识到德川幕府的权力和实力正在衰落,自己到京都直接交涉的话,会对德川幕府不利。于是,汤森·哈里斯一

---

① 山内容堂的夫人三条正子是三条实万的养女。

直忍着不动,等待机会。之后,大老井伊直弼命岩濑忠震通知汤森·哈里斯签订条约的时间再延期半年。当时美国军舰还没有来,汤森·哈里斯只能答应再次延期,但坚决反对延期半年。结果,井伊直弼和老中们联名写信给汤森·哈里斯:"签订条约事关日本的安全,兹事体大,希望在安政五年(1858年)七月二十七日之前在条约上签字。"于是,汤森·哈里斯答应延期,回到了下田。德川幕府利用这个时间,敦促大名提交建议,之后奏请朝廷。

安政三年(1856年)十月,清朝的广东发生了"亚罗号事件"[①]。因此,英国和清朝开战。与此同时,法国传教士被清朝官吏杀死,清朝和法国之间也发生了矛盾。英法两国组成联军,向清朝兴师问罪。1857年12月,广州城被

亚罗号事件

---

① 1853年英美等国掀起了"修约"交涉,但未能得逞。1856年10月8日,广东水师在商船"亚罗"号上搜查并逮捕了海盗及嫌疑人,结果英国方面强烈抗议并进行武力恫吓,双方发生冲突,最终成为英国政府蓄意挑起侵华战争的借口。

烧，两广总督叶名琛被英法联军活捉。不仅如此，英法联军北上之后攻陷了白河炮台。最后，英法和清朝缔结了《天津条约》。

停泊在香港的美国舰队立刻派军舰将这一消息告知在下田的汤森·哈里斯，同时告诉汤森·哈里斯英国舰队不久之后就会来日本。汤森·哈里斯把这些消息告诉了德川幕府。汤森·哈里斯感到这是逼迫德川幕府在条约上签字的好机会，就乘军舰前往神奈川。这时，俄国使节叶夫菲米·瓦西里耶维奇·普佳京也乘军舰来到下田，通知下田奉行英国舰队要来日本。之后，叶夫菲米·瓦西里耶维奇·普佳京不听下田奉行的劝阻，也前往神奈川。听到报告后，德川幕府立刻派井上清直、岩濑忠震前去接待汤森·哈里斯。之后，德川幕府又派永井尚志等准备接待英国、法国和俄国的使节。德川幕府也知道汤森·哈里斯的意图是在英法舰队来日本之前逼迫幕府在条约上签字。汤森·哈里斯担心："英法大军压境，逼迫幕府签订条件苛刻的通商条约。这对日本不利。然而，我若不能先于欧洲列强与日本签订通商条约，就会有损美国的声誉。"

此前，幕府召集大名讨论是否可以不等朝廷批准条约就与汤森·哈里斯在条约上签字。松平忠固主张幕府应该采取高压式姿态对待朝廷，逼迫朝廷批准条约。山内容堂、松平春岳等大名也认为不必经过朝廷的批准就可以在条约上签字，他们还认为朝廷想乘国家危难之际削弱幕府的权威，对朝廷非常不满。不过，松平春岳主张："幕府因循守旧，不愿革除弊政。幕府要独断专行，在条约上签字，必须先改革弊政。而第一要事便是拥立德川庆喜为将军世子。"

井伊直弼主张在朝廷批准条约后才能在条约上签字，所以要求汤森·哈里斯将签字时间推迟到安政五年（1858年）七月。不过，井伊直弼也担心："如果一味延期，恐怕会触怒汤森·哈里斯，届时会把日本置于险境。在这种情况下，幕府必须独断专行。"因此，井伊直弼派家臣长野主膳到京都和朝廷重臣们说明利害关系。德川齐昭在一定程度上也希望德川幕府有独断权，只是表面上主张在条约问题上幕府要尊重朝廷敕令而已。而尾张藩藩主德川庆胜强烈主张在条约问题上幕府必须听从朝廷的意见。

英法和清朝缔结《天津条约》

在大名们就条约问题争论不休时，列强的军舰来到了日本。井上清直、岩濑忠震在神奈川海面上见到汤森·哈里斯，听汤森·哈里斯讲了一些情况。汤森·哈里斯说：

> 英法打算借着在第二次鸦片战争中战胜清朝的余威率领数十艘军舰来江户，向日本提出的要求必然要比美国苛刻，日本只能答应。如果与美国签订条约，我愿意为日本从中周旋，让其他国家按照日美条约的条件和日本签订条约。

之后，岩濑忠震等回到江户复命。幕府召开高层会议商议是否不必等朝廷批准条约就和汤森·哈里斯签订条约。松平忠固主张幕府应独断专行签订条约，不必等朝廷的批准。堀田正睦一言不发。其他幕府官员也都认为与其被英法打败受辱，不如和汤森·哈里斯签订条约，希望幕府独断专行。而大老井伊直弼担心这样做会引起国内大乱，主张奏请朝廷批准后再签字。绝大多数幕府官员不同意井伊直弼的做法，认为："朝廷的宗旨是不使日本受辱，如果朝廷不批准条约就不在上面签字，一旦开启战端，皇宫、沿海防守空虚，日本根本没有胜算。因此，应尽快签订条约。"井伊直弼只好同意了大多数幕府官员的建议。不过，井伊直弼担心大多数大名不会同意幕府的这一决议，就派井上清直、岩濑忠震和汤森·哈里斯商议再等几日，井上清直反问井伊直弼："如果万不得已，幕府是否允许我们在条约上签字？"井伊直弼只好答应了井上清直的请求。岩濑忠震、井上清直在征得征夷大将军德川家定的允许后再次前往神奈川见汤森·哈里斯。

井伊直弼叫来伊达宗城，向其说明了幕府的决议，希望伊达宗城及其一党支持幕府的决议。本来伊达宗城等主张在条约问题上，幕府应该尊重朝廷的意见，现在也只好同意了幕府的决定。松平春岳听说此事后，拜访井伊直弼，要求幕府在条约问题上听从朝廷的敕令。井伊直弼意识到征求大名们的意见只会阻碍幕府决议的实施，一直没有再召集所有大名开会。井上清直和岩濑忠震再次见到汤森·哈里斯，要求延期签订条约，结果汤森·哈里斯坚决不同意。其实，汤森·哈里斯就是借英法要来日本一事威胁、恫吓德川幕府，手法巧妙。德川幕府只好采用独断专行的办法，不等朝廷批准就和汤森·哈里斯签订了条约。这样一来，外患有所缓和，却为内乱埋下了伏笔。

当时，日本朝野上下很少有人能够根据国际形势判断幕府是否应该在条约问题上遵从朝廷的敕令。在外患频仍之际，最痛苦的是负责处理国务的幕府。国内舆论只不过是无法实施的空论，都是因不了解幕府的难处而凭空指责。幕府内部的观点也并非完全一致。井上清直、岩濑忠震等坚决主张签订条约，以避免战端。然而，井上清直、岩濑忠震等只是考虑到了外交上的困难，没有预想到幕府独断专行签订条约后会带来国内的混乱。直到最后关头，井伊直弼主张在条约问题上争取朝廷的支持是因为既考虑到了外交问题也考虑到了内政问题。然而，井伊直弼也无法忽视具体负责谈判条约的井上清直、岩濑忠震等的意见，最终还是授权井上清直、岩濑忠震："在万不得已的情况下可以与汤森·哈里斯签订条约。"这样一来，井伊直弼就把一切责任揽到了自己身上。井伊直弼的家臣宇津氏担忧主君的命运，说道："外患频仍，幕府独断专行签订条约不是不可以，但还是要等朝廷批准。否则您会承担一切责任的。"结果，井伊直弼说："事已至此，勿再多言！"

第3节　拥立纪伊藩藩主德川庆福及三大名蛰居

和美国签订通商条约之后，井伊直弼立刻着手处理善后工作。井伊直弼派人将堀田正睦等五位老中的联名信送到朝廷，信中说：

> 因万不得已，只好和美国签订了通商条约。如果等待朝廷批准后再签订，会导致列强军舰入侵日本，日本会重蹈清朝的覆辙。

接着，井伊直弼召集大名们开会，宣布更迭了两名老中。松平忠固依仗幕府权威压制大名和朝廷，导致一片骂声，会对幕府今后的工作产生负面影响。与此同时，松平忠固开始和井伊直弼争夺权力。井伊直弼在禀报德川家定之后罢免了松平忠固的老中职务。堀田正睦因拥立德川庆喜做征夷大将军世子，引起了德川家定的不满，加之堀田正睦在京都奏请朝廷批准条约一事以失败告终，德川家定命令井伊直弼罢免了堀田正睦的老中一职。之后，井伊直弼征求大名们的意见，借以试探大名们对幕府的态度。在各地大名中，德川庆喜最倾向于尊奉朝廷的敕令。他听说幕府不等朝廷批准就与美国签订了通商条约，非常气愤。德川庆喜打算联合父亲德川齐昭、尾张藩藩主德川庆胜和德川庆赖上书幕府，德川庆喜的家臣平冈圆四郎等为此四处奔走。德川齐昭致信井伊直弼，表示：

在签订条约之前，您应该亲自去京都奏请朝廷批准，而今独断专行，违背了德川氏尊奉朝廷的传统，并且条约内容应该压缩。

井伊直弼在回信中说：

不经朝廷批准就签订条约实属不得已而为之。我已经派幕府官员到京都向朝廷说明情况。

德川齐昭对井伊直弼的这一答复非常不满，敦促松平春岳和德川庆胜追究幕府官员的相关责任。德川齐昭、德川庆喜、松平春岳的家臣们聚在一起商议罢免签订条约的幕府官员的职务，拥立松平春岳任老中掌握实权。一桥派因为拥立德川庆喜做征夷大将军世子失败，开始通过在外交问题上追究幕府的责任这一方式卷土重来。这时，松平春岳对幕府的态度变得傲慢起来，经常拒绝执行幕府的命令。幕府接到英法舰队要来日本的报告后，命松平春岳守卫神奈川的横滨。松平春岳没有直接拒绝幕府的命令，只是说：

现在我手头的兵力很少，无法抵挡数十艘英法军舰，需要等到领地的部队到达后才能出兵。我是亲藩藩主，幕府把我和谱代大名松山藩藩主同等对待，辱没了我的祖先，家臣们对此也十分不满。

此时，伊达宗城等和岩濑忠震里应外合，说服两三个老中，推荐松平春岳参政。井伊直弼等幕府官员对松平春岳的这一系列动作十分不满。井伊直弼任命太田资始、间部诠胜、松平乘全为老中。朝野上下普遍认为这三个人在太平年月可以胜任，但在国家多事之秋是无法胜任的，所以对幕府越来越不信任。德川庆喜曾让家臣请井伊直弼入府，想指责其在条约问题上处理失当。井伊直弼借故没有去。德川庆喜和德川庆赖以御三卿的身份来到幕府，当面斥责井伊直弼："违抗朝廷敕令，罪莫大焉。"井伊直弼也不辩解，只是说："不

松平乘全

久我或者老中会亲自到朝廷谢罪。"之后，德川齐昭、德川庆笃、德川庆胜等一起到幕府，就违背朝廷敕令一事和井伊直弼等幕府官员进行了争论。这件事让幕府上下十分震惊。在到幕府之前，德川齐昭公开宣称："大老井伊直弼应该引咎自杀。"然而，德川齐昭来到幕府之后，井伊直弼等态度和蔼，暂避锋芒。德川齐昭推举松平春岳做大老，间部诠胜反驳说："井伊直弼已经就任大老，幕府中不能有两位大老。"德川庆胜主张立德川庆喜做征夷大将军世子，井伊直弼反驳说："此事将军已经做了决定，臣下无法更改。"德川庆胜说要面见德川家定，井伊直弼说："将军正在病中，时机不太合适。"德川齐昭等一个目的也没有达到，只好各回各府。

安政五年（1858年）六月二日，井伊直弼遣使到京都，向朝廷说明幕府未经朝廷允许就签订条约一事，并奏请朝廷立德川庆福做征夷大将军世子。朝廷于安政五年六月八日下达敕令。由于美国军舰来到日本，民心不稳，幕府使者在回江户的途中有所耽搁，安政五年六月二十三日才抵达江户。井伊直弼决定于安政五年六月二十五日宣布立征夷大将军世子一事。一桥派听说此事之后非常郁闷、惶恐，想要做最后一搏。一桥派的反抗与幕府违背敕令签订条约密切相关。松平春岳在幕府召开会议前不久拜访了井伊直弼，指责井伊直弼违背敕令，井伊直弼不卑不亢地说明了情况。松平春岳又建议井伊直弼推迟公布立德川庆福做征夷大将军世子的决定，井伊直弼拒绝了。松平春岳百般郁闷地到幕府开会。这时，老中不允许松平春岳和御三家坐在一起。松平春岳只好独自和老中久世广周谈论立征夷大将军世子之事。安政五年六月二十五日，井伊直弼令所有的大名到幕府开会，正式宣布立德川庆福做征夷大将军世子。于是，征夷大将军继嗣一事终于确定下来，一桥派以失败告终。这一天，松平春岳闷闷不乐，称病没有参加幕府会议。安政五年六月二十五日夜，伊达宗城担心松平春岳闹情绪，不听幕府的命令，就向松平春岳提出忠告。安政五年六月二十六日，松平春岳到幕府祝贺德川庆福被立为征夷大将军世子。尽管如此，幕府已经对松平春岳抱有戒心，是不会再善待松平春岳的。幕府官员和世人都说是松平春岳怂恿德川齐昭、德川庆胜去幕府闹事的。松平春岳到久世广周那里诉苦说："世人的传闻子虚乌有，我是冤枉的。"久世广周原谅了松平春岳，但井伊直弼绝对不会原谅松平春岳。伊达宗城和岩濑忠震等一桥派人士绝不认输，还想挽回败局，想推举松平春岳做老中，负责处理外交事务。井伊直弼听说此事后，下定决心惩治伊达宗城和岩濑忠震。

这时，德川家定病入膏肓，听说德川齐昭等斥责井伊直弼之后，德川家定大怒。德川家定命井伊直弼惩戒德川齐昭等。这正中井伊直弼的下怀，他准备奉命惩戒德川齐昭等。太田资始和间部诠胜两位老中也赞同井伊直弼的计划。只有久世广周不同意，他说：

> 如果现在惩戒德川齐昭等，世人会说幕府趁将军病重之际公报私仇。这件事情应该在将军病好之后进行。如果将军去世，就等确定了德川庆福的监护人之后再实施也不晚。

井伊直弼则说：

> 将军现在下令惩戒德川齐昭等，就是考虑到自己百年之后，新将军刚继任就惩戒德川齐昭等会引起国内大乱。因此，应该执行将军的命令。

安政五年（1858年）七月五日，幕府命德川庆笃、德川齐昭、松平春岳三人在家蛰居，严禁与任何人书信往来。德川庆胜和松平春岳的藩主之位也被褫夺，改由各自的支藩藩主继任。德川庆喜和德川庆笃一段时期内不准到幕府。德川幕府对亲藩下此狠手，让世人感到震惊。此后，形势急转直下，德川幕府开始走向衰亡。

第14章

安政大狱

安政大狱是幕末时期，在长野主膳的谋划下由井伊直弼实施的一场重大政治行动。安政大狱之后，与德川幕府对抗的公卿、大名、藩士等几乎被一网打尽，余党一时间销声匿迹。然而，德川幕府的安政大狱是无法阻止时代潮流的。日本全国各地对幕府不满的人不断举事，幕府的统治基础开始动摇。

第1节 条约签订后江户和京都的局势

安政五年（1858年）六月二十日，《日美修好通商条约》签订后，德川幕府开始采取善后措施。缔结条约本来就是德川幕府的职责所在，从当时的国法来看，幕府独断专行是合法的。即便公卿和大名对此有异议，如果幕府有能力处理好缔约之事，没有必要咨询大名和朝廷。可悲的是，幕府武备废弛，府库空虚，外敌强大，缔约事关国家命运。因此，幕府需要得到大名的协助。然而，幕府式微，大名尾大不掉，要想命令大名，必须借助朝廷的权威。安政五年六月二十四日，幕府派特使将老中们联名写给朝廷的信函呈递给朝廷。在信中，老中们解释道：

> 签订条约是不得已而为之的。没有时间等朝廷批准，否则会重蹈清朝的覆辙。而幕府对独断专行心感不安，派特使来说明情况，以示尊奉朝廷之意。

且大老井伊直弼也写信给关白九条尚忠说：

> 本来打算对外国人采取强硬的态度，但国内有对幕府怀有二心者，不得不先除掉内鬼。我希望关白大人尽快让朝廷补发批准条约的敕令。之后，我才能镇压心怀不轨者，以安圣心。

这里所说的心怀不轨者指的就是一桥派。

安政五年（1858年）六月二十九日，朝廷经过讨论，表示对幕府的禀奏不满意，命井伊直弼或者御三家上京。征夷大将军德川家定病重，御三家中水户藩的德川齐昭、尾张藩的德川庆胜被命令蛰居。由于政务繁忙，井伊直弼分身乏术。安政五年七月九日，幕府打算派老中间部诠胜为特使上京，并告诉传奏在新征夷大将军继任之后，井伊直弼也上京。安政五年八月八日，幕府宣布德川家定去世。间部诠胜也因此耽搁了上京日程。当时，朝廷中的久迩宫朝彦亲王、内大臣三条实万、鹰司政通父子、左大臣近卫忠熙、大纳言正亲町三条实爱等对幕府未经朝廷批准就独断专行签订条约十分不满，日夜开会，打算追究幕府的责任。鹰司政通父子等认为九条尚忠和井伊直弼勾结误国，逼迫九条尚忠辞职。一桥派也利用这个时机，让朝廷拥立德川庆喜做征夷大将军世子。此时，幕府决定立德川庆福做征夷大将军世子的消息传到朝廷。朝廷中绝大部分公卿支持一桥派，听到这一消息大失所望。九条尚忠因支持幕府被公卿们孤立，十分狼狈。听到德川庆福被立为征夷大将军世子之后，九条尚忠得到了喘息的机会。久迩宫朝彦亲王、三条实万、鹰司政通父子等深受孝明天皇的信任，对幕府十分不利。坊间传闻井伊直弼和九条尚忠欲合谋废黜孝明天皇，将孝明天皇迁至彦根城，立祐宫睦仁亲王[①]为天皇。井伊直弼听说九条尚忠在朝廷的地位非常不稳固，十分担忧。九条尚忠是联系幕府和朝廷的唯一桥梁，一旦九条尚忠被迫辞职，幕府和朝廷之间将会出现难以逾越的鸿沟。

---

① 即后来的明治天皇。

安政五年（1858年）七月中旬，井伊直弼派足智多谋的长野主膳到京都帮助九条尚忠挽回颓势。与此同时，井伊直弼任命酒井忠义为新的京都所司代，让他稳定京都局势。这时，水户藩的藩主与家臣们蠢蠢欲动，被命令蛰居的德川齐昭偷偷溜出宅院进行秘密活动。德川齐昭的夫人也四下活动。尾张藩的德川庆胜也不本分，也伺机而动。德川幕府掌握了这些情况之后，认为德川齐昭是扰乱朝廷的祸根。于是，德川幕府派人加强了对水户藩、德川齐昭夫妇和德川庆胜的监视。水户藩藩主德川庆笃派家臣向幕府抗议说："幕府没有确凿证据就命令德川齐昭等蛰居，这样做是不合法的。"幕府恫吓说："如果找到确凿证据，就命令他们永远蛰居。"幕府还奏请朝廷说："德川齐昭的行为言论有失检点，希望朝廷不要再受理德川齐昭的建议。"此时，公卿和孝明天皇都倾向于让九条尚忠辞职。九条尚忠顶不住压力，想递交辞呈，家臣岛田正辰苦苦谏阻，九条尚忠这才打消了辞职的念头。孝明天皇接到德川幕府的奏请后左右为难，免去了反对幕府的核心人物鹰司政通的职务。公卿们开会，认为德川幕府命德川庆笃、松平春岳、德川庆胜蛰居是非法的，打算追究幕府的责任，但由于大臣一条氏反对没有付诸实施。孝明天皇认为德川幕府无视朝廷敕令和可憎的外夷签订条约，有不臣之心，十分愤慨。安政五年八月七日，近卫忠熙、三条实万、德大寺氏等公卿利用孝明天皇痛恨幕府的这一心情，决定下诏书给德川庆笃，大意如下：

> 幕府独断专行，轻率地在条约上签字，先斩后奏，导致内乱。朕非常担忧，希望御三家和大老井伊直弼上京共商国是。不知御三家中的水户、尾张两藩藩主为何获罪，如今外敌当前，惩罚重臣，人心惶惶，恐生内乱。朕希望御三卿、御三家等各地大名讨论此事，以期朝廷幕府和睦，巩固德川幕府的政权。唯有如此，才能同仇敌忾。水户藩是大名之首，因此，下诏给水户藩。朕希望水户藩周知大名。

尽管九条尚忠反对下达这一诏书，但孤掌难鸣。安政五年（1858年）八月九日，朝廷遣使将这份诏书的副本送到德川幕府。

安政五年八月十九日，德川庆笃接到诏书，随后召集老中们进行协商，老中们说回去商量后答复。在德川幕府接到诏书的副本后，井伊直弼抱病召集老中们开会商议对策，他还命令德川庆笃除御三家和御三卿之外，不要向其他大名传达诏书。与此同时，德川幕府决定派间部诠胜上京禀奏朝廷："德川家定将军去世，使者上京延期，幕府对此表示歉意。另外，由间部诠胜答复朝廷最新下达的诏书。"长野主膳于安政五年八月二日上京和九条尚忠谋划。九条尚忠不敢轻率行动，恐遭其他朝臣的弹劾，让长野主膳催促幕府使者尽快上京，否则自己顶不住压力会辞职的。长野主膳赶紧将这一情况汇报给井伊直弼。

新任京都所司代酒井忠义正在前往京都的途中，长野主膳离开京都，和酒井忠义见面，讨论如何打压公卿的嚣张气焰。公卿鹰司政通、近卫忠熙等谋划在酒井忠义和间部诠胜到京都之前就罢免九条尚忠的关白一职。从安政五年八月月末至九月上旬，鹰司政通、近卫忠熙等十几个公卿或在皇宫或在一条氏的家中密谋。安政五年九月四日，公卿们又召开会议，孝明天皇也出席了，只有九条尚忠和大纳言久我氏称病没有出席。安政五年八月八日，九条尚忠劝谏孝明天皇今后不要再干预幕府的政务，孝明天皇听后十分震怒。在这种情况下，九条尚忠不得不辞去关白一职。久我氏也受连累被迫辞职。这样一来，朝廷里就没有人再支持德川幕府。德川幕府已经无法劝说朝廷接受自己的主张。为了挽回颓势，德川幕府把希望寄托在了间部诠胜的身上。

第2节 藩士和浪人在京都的活动

小滨酒井氏的家臣梅田云浜被主家扫地出门后到各藩国流浪，生活没有着落，在越前藩藩士的接济下才勉强度日。后来，梅田云浜到京都混日子。安政年间之后，外患频仍。有志之士云集京都，宣扬攘夷思想。受此影响，梅田

梅田云浜

云浜对德川幕府的媚外态度十分不满,四处奔走,宣扬攘夷思想。久迩宫朝彦亲王和鹰司政通等很赏识梅田云浜。梅田云浜建议朝廷召大老和御三家上京共商国是,朝廷给德川幕府的诏书中就引用了梅田云浜的建议中的词句。和梅田云浜志同道合的人有梁川星岩、吉田松阴等。在酒井忠义刚被任命为京都所司代时,梅田云浜就写信给酒井忠义,说:

> 井伊直弼违背敕令签订条约,属于朝廷的逆贼,罪不可赦。与井伊直弼为伍者就是朝廷的公敌,会遗臭万年。

后来，长野主膳意识到梅田云浜是朝廷与幕府作对的幕后推手。萨摩藩、水户藩等藩国留在京都的藩士都和梅田云浜过从甚密。水户藩藩士等一桥派人士为了拥立德川庆喜做征夷大将军世子，在京都四处活动。此外，水户藩藩士还劝说三条实万等公卿游说朝廷赦免德川庆胜、松平春岳、德川齐昭，并免去井伊直弼的大老一职，水户藩藩士日下部伊三治来到京都，和萨摩藩藩士西乡隆盛等密谋，让萨摩藩藩主岛津齐彬率领三千名精兵来京都压制德川幕府在京都的兵力。后来，听说岛津齐彬去世，日下部伊三治和西乡隆盛大失所望。此外，吉田松阴也很活跃，希望尾张藩、水户藩、越前藩出兵京都。从这些情况可以看出，藩士、浪人从四面八方云集京都，策划着如何借朝廷的权威

吉田松阴

和雄藩的兵力与幕府对抗。在京都活跃的水户藩藩士除日下部伊三治之外，还有山本贞一郎等。山本贞一郎本来寓居江户向岛，以写诗和写字卖字为业。后来，山本贞一郎也加入水户藩藩士一伙，来到京都游说公卿们，以获得赦免德川齐昭等的敕令。近卫忠熙答复说："除非有人给大老井伊直弼致命一击，否则在太平年月朝廷很难下发这样的敕令。"水户藩藩士派人将近卫忠熙的意思汇报给江户水户藩藩邸的负责人。然而，送信的人在草津被幕府官员抓获，水户藩藩士的密谋泄露。这时，京都谣言四起，人心惶惶。有人说萨摩藩、长州藩、土佐藩要联合出兵攻打井伊直弼的彦根城。因此，京都的幕府官员和井伊直弼的家臣长野主膳加强了戒备，派人到摄津、山阳道等要路上探听消息。

由上述情况可知，藩士和浪人们的能量很大，摇动三寸不烂之舌，游说公卿与德川幕府对抗。有的浪人以儒医的身份隐藏于市井，为国事奔走，不谋私利。这种精神值得肯定。从这个角度讲，藩士和浪人们算得上是明治维新的先驱。然而，其中不乏放荡不羁唯恐天下不乱的破坏分子。这些破坏分子打着尊王的旗号，扰乱社会秩序。而在德川幕府看来，这些藩士和浪人都是违抗政令的匪徒。

第3节　间部诠胜上京

堀田正睦在京都没有得到朝廷批准条约的敕令，朝廷命令幕府征求以御三家为首的大名们对条约的意见。井伊直弼就任大老之后，在征求大名们的意见的同时，为再次出使京都的人选犯愁。有人建议井伊直弼亲自去京都，但井伊直弼的家臣们认为这样做太危险，否定了这一建议。当时，一桥派中有人打算趁井伊直弼上京之时，在江户密谋发动政变。于是，井伊直弼决定派间部诠胜作为幕府使者前往京都。然而，不久德川家定病故，派遣使者到京都一事不得不延期了。安政五年（1858年）八月八日，德川幕府为德川家定发丧，德川庆福继任征夷大将军，改名为德川家茂。因为德川家茂年纪尚幼，德川幕府任命德川庆赖为征夷大将军监护人。为了保住九条尚忠的关白之位，德川家定的丧期还没结束间部诠胜就前往京都。间部诠胜带着德川幕府就朝廷下达给水户藩和幕府的敕令的答复文书上京。德川幕府认为水户藩的势力经常在京都四处活动，勾结公卿，图谋不轨。一直以来，水户藩经常发生内讧。为了消除隐患，德川幕府决定改变水户藩在领地和江户的重臣的人事安排，任用水户藩内听从幕府命令的一派主持水户藩的藩政，将德川齐昭的党羽免职。当时的政局主要是德川幕府和德川齐昭之间的争斗，胜者才能掌握日本的政局。在对水户藩施压的同时，德川幕府还惩戒了尾张藩藩主及其骨干家臣，让当时的藩主德川茂德听从幕府的命令，禁止前藩主德川庆胜干预藩政。德川幕府还贬谪了支持一桥派的岩濑忠震、永井尚志。

安政五年（1858年）九月三日，间部诠胜从江户出发前往京都。在此之前，京都的形势已经发生了变化，朝中反对德川幕府的势力非常强大，如燎原之势。反对德川幕府的公卿们想赶在间部诠胜抵达京都之前，将关白一职掌握到自己手中。孝明天皇倾向于采纳这些公卿的意见。孝明天皇虽然并不完全相信坊间传说的德川幕府有不臣之心，但对德川幕府的怀疑并未消除。反对德川幕府的公卿们趁机劝谏孝明天皇迫使九条尚忠递交辞呈。按照惯例，朝廷任命新的关白需要征得德川幕府的同意。当时，左大臣近卫忠熙是继任关白的最佳人选，孝明天皇也同意这一方案。九条尚忠的家臣岛田正辰通过长野主膳将这一情况汇报给了德川幕府。近卫忠熙是德川幕府的反对派，所以德川幕府不希望近卫忠熙继任关白一职。因此，井伊直弼闻报大惊，召集老中们商量好对策后，给正在赶往京都的间部诠胜写了一封信，说明了京都的形势及自己的想法。井伊直弼在信中说：

> 尽管九条尚忠提交了辞呈，但这并不意味着九条尚忠已经不是关白了。如今外患频仍，幕府必须通过九条尚忠向天皇做出解释。德川家定将军在临终之际留下遗命："幕府在外夷的逼迫下，没有等朝廷批准就签订了条约，这并不意味着幕府蔑视朝廷。幕府是冤枉的，一定要向天皇解释清楚这一点。"为了保住九条尚忠的关白

一职，幕府必须抓捕反对幕府的公卿们的爪牙，让反对派公卿们收手。在京都四处活动的浪人们就是反对派公卿们的爪牙。

此外，井伊直弼写信嘱咐长野主膳和间部诠胜及新任京都所司代酒井忠义协作抓捕反对派公卿们的爪牙。此时，传奏转告已经到任的酒井忠义："九条尚忠已经辞职，朝廷已经任命近卫忠熙为关白。"酒井忠义派人将此事汇报给德川幕府和在前往京都途中的间部诠胜。长野主膳从岛田正辰那里获悉朝廷的变故后，建议酒井忠义逮捕梅田云浜。酒井忠义命内藤正绳逮捕梅田云浜。然而，当时梅田云浜和近卫忠熙过从甚密，酒井忠义认为此时逮捕梅田云浜必然会加剧幕府和近卫忠熙之间的矛盾，于是决定暂缓动手。长野主膳听说此事后表示：

> 梅田云浜是朝中反对派公卿们的智囊，如果让梅田云浜逃脱，后果不堪设想。京都所司代犹豫不决，我就让彦根藩的士兵逮捕梅田云浜。

于是，酒井忠义终于下决心逮捕了梅田云浜。此外，酒井忠义的手下抓住了水户藩的爪牙山本贞一郎的哥哥，从他身上搜出几封密信，从信中得知：

> 山本贞一郎已经死于京都。浪人们经常出入梁川星岩家中，谋划帮助水户藩拥立德川庆喜。梁川星岩已经死于瘟疫。

德川幕府派人搜查梁川星岩的家并抓走了其妻子红兰。红兰经过一番辩解之后被释放了。在间部诠胜到达京都之前，在长野主膳的催促下，酒井忠义开启了安政大狱的端绪。

除长野主膳之外，井伊直弼还派了一些密探到京都打探消息。这些密探了解到了下述情况：

梁川星岩

德川齐昭不断写信给公卿近卫忠熙、久迩宫朝彦亲王等。天皇对德川齐昭信任有加。九条尚忠辞去关白一职之后，朝廷中没有一个人支持幕府。

井伊直弼为了不让世人知道幕府内部发生了内讧，一直隐瞒着幕府和水户藩的矛盾。井伊直弼并未和水户藩及德川齐昭决裂，只是命令德川齐昭和德川庆笃蛰居，以避免出现政局动荡。然而，德川齐昭不吸取教训，继续勾结公卿反对幕府。井伊直弼意识到对水户藩和德川齐昭宽容有害无利，于是禀奏朝廷："德川齐昭在天皇陛下面前诽谤幕府，搬弄是非。"

安政五年（1858年）九月十三日，间部诠胜在前往京都的途中听传言说"朝廷下旨豁免德川齐昭，任命松平春岳为大老"，十分愤慨。间部诠胜当天写信给井伊直弼说："事到如今，幕府就应该采取断然措施处理德川齐昭和水户藩一党。"这时，长野主膳前来拜访间部诠胜，建议抓捕水户藩留守在京都的鹈饲幸吉父子，以削弱近卫忠熙、三条实万等公卿的势力。间部诠胜采纳了长野主膳的建议，密令京都奉行小笠原氏抓捕了鹈饲幸吉父子。由于幕府抓捕了梅田云浜等，朝中有人开始害怕幕府，突然转变了态度。三条实万向来在政治上见风使舵，加之他与井伊直弼关系很好，就不再与幕府作对。只有近卫忠熙依然对幕府采取强硬态度。安政五年九月十七日，间部诠胜抵达京都，住在妙满寺。间部诠胜来京都的主要目的之一就是保住九条尚忠的关白一职，他让传奏禀奏朝廷："幕府不同意九条尚忠辞去关白一职。九条尚忠还不到年龄，朝廷应该挽留九条尚忠。"公然违背朝廷的决定。间部诠胜软硬兼施，在四处游说公卿支持幕府的同时，威胁恐吓反对幕府的公卿。幕府抓捕浪人是杀鸡吓猴，意在促使公卿们支持九条尚忠复职，并不打算拿公卿们开刀。然而，近卫忠熙占着内览①的位子，不愿与幕府合作，间部诠胜只得抓捕了鹰司政通、近卫忠熙的家臣。满朝公卿在暗地里大骂幕府胆大妄为，同时惶惶不可终日。三条实万派人对酒井忠义说："我对幕府没有二心。"此时，幕府在江户抓捕了水户藩的爪牙饭泉喜内及山本贞一郎的遗孀、日下部伊三治、桥本左内等。

第4节 为九条尚忠复任关白而活动

间部诠胜到京都后抓捕反对派公卿们的爪牙，搞得京都人人自危。当时，为国事奔走的志士吉田松阴等受到重创。间部诠胜上京后，没有急着进宫见孝明天皇，而是为九条尚忠的复职而奔走。京都所司代酒井忠义主张缓和幕府与朝廷的关系，采取了比较温和的措施。长野主膳和岛田正辰建议幕府敦促

---

① 内览，是古代日本政府中的一种令外官，负责检查呈递给天皇的文件及天皇批准的文件。

酒井忠义采取强硬措施。间部诠胜也主张采取强硬措施。在了解了朝廷的形势后，安政五年（1858年）九月月末，间部诠胜和酒井忠义商议后，向幕府提出了应对朝廷中反对幕府的势力的建议。酒井忠义认为：

> 朝廷中反对幕府的势力的核心是鹰司政通父子。幕府只要将鹰司政通的家臣小林三国、金田氏二人的供词公布于众，判处鹰司政通父子流刑，其他公卿必然胆寒。

间部诠胜认为：

> 根据《禁中并公家诸法度》的规定，可以惩办鹰司政通父子，但德川幕府创立以来还没有将三公判处流刑的先例，这样做与幕府尊奉朝廷的主旨不合。如今幕府的首要任务是得到朝廷追认条约的诏书，不宜处罚公卿。应该先在江户抓捕水户藩的爪牙，经过审问找出证据，严惩德川齐昭，切断德川齐昭和朝廷的往来。这样，鹰司政通父子就不能再危害幕府了。另外，朝廷不批准条约在于开放兵库的问题。兵库距离京都太近，对皇宫构成威胁。如果不开放兵库，需要找一处离京都远的港口替代。幕府应迅速派使者到美国就此进行谈判。如果谈判成功，朝廷会追认条约的。

接到间部诠胜和酒井忠义的建议后，井伊直弼认为：

> 不到万不得已，不能处罚鹰司政通父子。幕府应该奏请朝廷，德川齐昭在京都四处活动的原因是一桥派拥立德川庆喜做将军世子的计划失败了，朝廷自然会处罚那些与德川齐昭勾结的公卿。另外，美国强烈要求开放兵库，不管日方有什么理由，美国都不会答应将兵库调换成其他港口的。此外，这涉及其他列强，很难改

变。只要向朝廷讲明签订条约的真实情况，即便开放兵库，朝廷也会理解的。

由此可见，井伊直弼和酒井忠义及间部诠胜的看法有很大的不同。另外，酒井忠义的目的是：

> 让九条尚忠恢复关白一职是最主要的事情。公卿及其爪牙玩弄阴谋诡计是为了生存。即便严惩公卿的爪牙或某些公卿，也会不断出现其他的反对派。

长野主膳则认为：

> 仅让九条尚忠复职不足以清除朝廷中反对幕府的势力，幕府也不会得到天皇的信任。一桥派的公卿进谗言说九条尚忠和大老井伊直弼密谋废黜天皇，天皇对此十分惊骇。因此，朝廷逼迫九条尚忠辞职。如果想剪除祸根，有必要抓捕挑唆是非的儒生。

酒井忠义没有采纳长野主膳的这一建议。井伊直弼则主张："有必要在朝廷的人事上做大的变动，剪除祸根。"

公卿们获悉大老、老中、京都所司代的意见不一致之后，对德川幕府的态度越发强硬。左大臣近卫忠熙派传奏通知酒井忠义：

> 九条尚忠有过失，朝廷发给水户藩的敕令，九条尚忠扣着不发。朝廷劝他辞职是理所当然的。

德川幕府方面对这一答复很不满意。安政五年（1858年）九月二十五日夜，酒井忠义派人送给三条实万一封信，信上说：

> 京都儒医、浪人、各藩藩士很多，聚会惑众。其中也有从关东水户藩等藩国来的藩士等为泄私愤，四下活动。这对朝廷不利。我们希望朝臣自重，不要与他们来往，否则后果自负。

公卿中有一部分人为了保住近卫忠熙的内览职位，开始与德川幕府合作。有的公卿主张如果德川幕府不修改条约，朝廷就不下旨任命德川家茂为征夷大将军。德川幕府也担心这一点。而有的公卿为了维护近卫忠熙的官位，讨好德川幕府，建议朝廷下旨任命德川家茂为征夷大将军。德川幕府抓住了朝廷的这一弱点，不肯听从朝廷的摆布。因此，朝廷和德川幕府的关系依然紧张。

此时，京都奉行小笠原氏抓住了小林三国、金田氏并严刑审问，掌握了一些重要情报。酒井忠义担心这些情报牵扯的公卿太多，暂且不让小笠原氏告诉间部诠胜。长野主膳听说此事后，汇报给井伊直弼。井伊直弼通过江户奉行转告小笠原氏说："事关国家大事，不必听京都所司代的命令，该怎么做就怎么做。"因为这件事情，酒井忠义的京都所司代一职也很不稳固。

安政五年（1858年）十月六日，酒井忠义再次向朝廷传达德川幕府的意思："不要受理九条尚忠的辞呈。"朝廷经过开会讨论，一致认为不能拒绝德川幕府的要求，于是决定让九条尚忠复职。九条尚忠称病不肯接受朝廷让其复职的敕令。这是因为九条尚忠担心近卫忠熙、三条实万等再耍阴谋，如果不整顿朝廷的人事，不愿复职。酒井忠义等劝说三条实万、近卫忠熙答应了九条尚忠的条件。井伊直弼命间部诠胜下决心整顿朝廷人事，消除幕府的隐患。安政五年十月十五日，朝廷下令恢复九条尚忠的关白和内览职务。九条尚忠终于一雪前耻，高高兴兴地上任了。这意味着德川幕府恢复了在朝廷的势力。

第5节 幕府奏请朝廷批准条约

九条尚忠成功复职，德川幕府却并未恢复原来的权威。反对幕府的公卿们暂避锋芒，等待反击的机会。九条尚忠进宫禀奏事情时，孝明天皇说："条约中开放兵库和允许外国人与日本人杂居一事，绝不能答应。"九条尚忠回答说："如果那样，就会和美国开启战端，我们没有任何胜算。"即便如此，孝明天皇也不松口。间部诠胜意识到短时间内让孝明天皇回心转意是不可能的，朝廷不批准条约是因为老中们的意见不统一。于是，间部诠胜认为留在京都也解决不了问题，不如暂且回到江户，从长计议。井伊直弼对间部诠胜十分不满，写信给间部诠胜说：

> 京都所司代酒井忠义对待公卿们的态度过于软弱。你不要受他的影响，就按照当初的计划大胆地往前推进。朝廷给水户藩下旨一事，背后必然有阴谋，你一定要查出来是谁干的。

于是，间部诠胜鼓起勇气继续奏请朝廷追认条约。安政五年（1858年）十月二十四日，间部诠胜进宫和孝明天皇商量条约的事情。孝明天皇身体欠安，让九条尚忠等和间部诠胜处理条约的事情。间部诠胜主张："开放兵库是迫不得已的，允许驻日外国人信基督教，对外国人不再实施踏绘制度，允许外国人和日本人杂居等不值得担忧。"此时，间部诠胜劝说朝廷追认条约的理由并非对外开放利国利民，而是"日本国库空虚，武备废弛，如果拒绝外国的要求，就会爆发战争，日本会重蹈清朝的覆辙。现在姑且答应外国人的条件，等将来日本强大了再攘夷不迟。外国人来日本是为了谋求通商之利，我们想方设法不让外国人获得利润，外国人自然会走"。间部诠胜这样说，是因为他意识到日本尚未和外国通商，公卿们根本不懂贸易，让公卿们相信日本能从贸易中获利是不可能的。

公卿们受儒生们的蛊惑，相信可以攘夷，听到德川幕府的上述奏报后，无动于衷。孝明天皇也不同意德川幕府的上述观点。九条尚忠进宫觐见孝明天皇后，对间部诠胜说：

天皇陛下同意《下田条约》的内容，但绝不同意开放兵库，也不允许国民接近外国人，不同意日本与外国开展贸易。幕府将军如果承诺先与外国开展五年贸易，尽量不让外国人获利，从而使外国人自己离开日本，天皇陛下或许会追认条约。幕府也可以让将军的监护人或者大老、老中们联合署名来代替将军在承诺书上署名。

间部诠胜觉得九条尚忠提出的方案苛刻，无法做到，便拒绝了。德川幕府已经和汤森·哈里斯正式签订了条约，无法变更。尽管如此，公卿和部分幕府官员劝德川幕府变更条约中的一两处，让孝明天皇满意后就可以获得朝廷批准。长野主膳推断朝臣们在儒生们的蛊惑下在孝明天皇面前进了幕府的谗言，这才导致孝明天皇反对批准条约。近卫忠熙和三条实万认为德川幕府不肯在条约问题上接受朝廷的意见是因为间部诠胜和九条尚忠互相勾结。在近卫忠熙和三条实万的建议下，朝廷派大纳言二条齐敬作为敕使到江户宣布朝廷任命德川

二条齐敬

家茂为征夷大将军的敕令。二条齐敬和外藩的大名及在大阪的各藩国的仓库管理人经常书信来往，早就被幕府官吏盯上了。二条齐敬在去江户之前派人告诉间部诠胜："朝廷的意思是除《下田条约》之外，其他的条约一律撤回。"间部诠胜说："大纳言二条齐敬不谙世事，所言之事很难让人相信，除非传奏和我讲此等国家大事，否则我是不会做出答复的。"二条齐敬抵达江户，在宣布任德川家茂为征夷大将军的敕令之后，想拜访井伊直弼。井伊直弼推托说有事不见。二条齐敬只好快快不乐地回京都去了。之后，朝廷和间部诠胜就条约问题进行了数次交涉。朝廷主张：

> 日美条约中只要修改其中的一条就可以批准。另外，如果允许外国人和日本人杂居，外国人会了解日本的国情、国力，如果将来开战，日本将无法防御。列强船坚炮利，幕府迫不得已签订了条约。不过，一定要保证外国人不会进入畿内的近海。

间部诠胜答复说：

> 幕府会尝试和美国谈判撤去允许美国人在大阪做贸易这一条。另外，儒生、浪人蛊惑朝臣攘夷有害无利，希望不要再听信谣言。

接着，间部诠胜继续在京都搜捕儒生、浪人，抓住之后严刑逼供。在长野主膳的建议下，间部诠胜将逮捕的部分儒生、浪人送到江户，让他们和收押在江户的同伙对质，以期发现这帮人和朝臣们及一桥派勾结的阴谋。为了防止途中有人劫囚车，间部诠胜派了两百名士兵押送囚车。水户藩藩士日下部伊三治被押送到江户后病死狱中。

朝臣们看到德川幕府痛下杀手，人人自危。安政五年（1858年）十二月，朝廷向关白九条尚忠下达敕令，劝说酒井忠义："无论德川幕府下达怎样的严令，都不要因为左大臣近卫忠熙参与了水户藩的密谋将他抓起来审问。鹰司政通父子一贯反对幕府，如果你们有确凿的证据，朝廷不会干涉你们审问鹰司政通父子。"九条尚忠颇感为难，向间部诠胜征求意见。间部诠胜趁机上奏朝廷："朝臣中有和水户藩密谋反对幕府的。"孝明天皇也感到有必要处置一些与水户藩勾结反对幕府的朝臣，但如果让幕府直接处罚这些朝臣，会累及这些朝臣的家门的名声。于是，孝明天皇命九条尚忠让这些朝臣自己坦白，给予一定的处罚。三条实万因自己的家臣被捕，觉得无法逃脱责任，就剃发隐居，并派人探听幕府的意向。

由于九条尚忠不断从中斡旋，幕府又对朝臣们采取了强硬态度，安政五年（1858年）十二月二十四日，朝廷派人通知间部诠胜："朝廷同意了幕府关于条约的上奏内容。希望今后幕府体谅朝廷的苦心，促进幕府和朝廷的和睦，想出良策赶走列强，恢复闭关锁国的国策。"尽管朝廷的观点和幕府还有不少分歧，但间部诠胜对朝廷的这一答复比较满意。不过，朝廷还是主张不允许外国人在大阪进行贸易。间部诠胜对这一点不置可否，只是承诺幕府会尽量让美国人同意放弃开放兵库。这样，朝廷也不再坚持这一点。安政四年（1857年）以来，请求朝廷批准条约一直是令幕府焦头烂额的一个问题，至此终于解决。不过，井伊直弼反对向大名们公布朝廷批准条约的敕令，理由是："朝廷在敕令中只是说对幕府签订条约的过程表示谅解，但并未说认可了条约的所有内容。敕令还禁止与外国通信、交易。如果公布这一敕令，必然会引起混乱。"间部诠胜征求了九条尚忠的意见。结果，九条尚忠也主张最好不要向大名们公布敕令，只向他们说朝廷已经批准了条约即可。于是，朝廷敕令的具体内容就成了秘密。

第6节　间部诠胜东归和对儒生、浪人的处罚

安政六年（1859年）正月月初，德川幕府和朝廷开始处罚参与水户藩阴谋的朝臣。孝明天皇曾经问德川幕府将如何处罚涉事朝臣，德川幕府答复说："只有在审问完儒生和浪人后才能做出决定。"

京都所司代酒井忠义主张让涉事朝臣自己坦白并请求处罚。长野主膳对酒井忠义的这一主张不满,说:"有的涉事朝臣称病不出,不愿认罪。最好还是由幕府方面出面进行审理。"近卫忠熙、鹰司政通父子、三条实万都称病不上朝,请求朝廷允许他们辞官、剃发。孝明天皇命间部诠胜对近卫忠熙、鹰司政通父子、三条实万等朝廷重臣网开一面。间部诠胜答复说:

> 被捕的儒生、浪人在口供中供出近卫忠熙、鹰司政通父子、三条实万参与了水户藩的阴谋,可以按照朝臣们的请求让他们辞官、剃发,命武家传奏东坊城聪长永久蛰居。

此外,朝廷以参与水户藩的阴谋为由,命久迩宫朝彦亲王闭门思过。安政六年(1859年)三月,朝廷的人事发生更迭,近卫忠熙及鹰司政通父子等朝臣辞职,一条忠香任左大臣,花山院家厚任右大臣,二条齐敬任内大臣。之后,间部诠胜大体上完成了来京都的使命,决定回江户复命。在九条尚忠的要求下,长野主膳依然留在京都监视朝廷的动向。此外,德川幕府还要派监察官到京都,负责监督朝廷的动向并随时向幕府汇报。这是因为酒井忠义在执行幕府的政策时做的工作很不到位,幕府并不完全信任酒井忠义。安政六年二月二十日,间部诠胜离开京都,押解着十四名儒生、浪人和朝臣们的家臣、家仆回江户。回到江户之后,经过严刑拷打,这些囚犯终于招供,供认主谋是水户藩。安政六年四月月末,水户藩的家臣安岛带刀、大竹仪兵卫等被捕。水户藩有一名号为李恭的女子,擅长和歌,出入京都东坊城聪长的家中,请求东坊城聪长奏请朝廷赦免德川齐昭。李恭被捕后挺不住刑罚,供出了水户藩在京都的主谋户田银二郎。此时,长州藩的士卒奉德川幕府之命将吉田松阴押送至江户。

安政六年八月四日,德川幕府献给孝明天皇五千两黄金,给九条尚忠增加了一千石俸禄,对其他支持幕府的朝臣也各有馈赠。德川幕府的目的是恩威并重,缓和与朝廷的关系。安政六年八月二十七日,德川幕府处罚了参与水户藩阴谋的数十人，根据具体犯罪情节，或处死或流放。此外，老中太田资始因将幕府会议的内容泄露给水户藩，被免职。德川齐昭是水户藩阴谋最核心的人物。安政六年（1859年）八月二十七日，德川幕府命令德川齐昭永远蛰居，命令德川庆笃闭门思过。与此同时，德川幕府告诫了水户藩的分支高松、守山、府中三个藩的藩主。德川幕府还命令德川庆喜隐居思过。山内容堂、伊达宗城因参与拥立德川庆喜做征夷大将军世子，被幕府命令闭门思过。安政六年八月二十八日，德川幕府开始处罚水户藩的家臣、藩士，鹈饲幸吉获刑最重，被判枭首示众。因为鹈饲幸吉曾参与拥立德川庆喜之事，并请求朝廷豁免德川齐昭，还将朝廷给水户藩的敕令带回水户藩。德川幕府命安岛带刀剖腹自杀。此外，饭泉喜内、桥本左内、吉田松阴等被判处死刑。梁川星岩病死，梅田云浜、日下部伊三治死于狱中。此外被流放的达五十三人。这就是安政大狱，长达二百六十余年的德川幕府时代规模最大的政治事件。

第 15 章

樱田门外之变

万延元年（1860年）的樱田门外之变是日本近世史上的一件大事，家喻户晓。之后，井伊直弼和佐野竹之介等十八个浪人的名字屡屡被后世提及，佐野竹之介等甚至被供奉在神社中。佐野竹之介等十八个浪人为了主人和国家才刺杀了井伊直弼。政治运动是否可以通过刺杀来实现有待商榷，但佐野竹之介等的精神和至诚毋庸置疑。

第1节 奉还敕令之议

安政五年（1858年）八月八日，朝廷给水户藩下达了敕令。德川幕府认为这道敕令一直在水户藩藩主德川庆笃手里，会后患无穷。因此，德川幕府令德川庆笃将敕令交给幕府，德川庆笃打算听从幕府的这一命令。然而，水户藩内被称作天狗党的一派藩士坚决反对将敕令交给幕府，所以德川庆笃一直未能如愿。德川幕府担心如果强行命令德川庆笃交出敕令，会与水户藩发生冲突，因此，德川幕府暂时作罢，等待时机。后来，德川幕府派长野主膳和间部诠胜、京都所司代酒井忠义一起拜托关白九条尚忠奏请朝廷命令水户藩交出敕令。然而，朝廷认为已经下达的敕令再收回来于理不合。九条尚忠费了很多周折才于安政六年（1859年）二月让朝廷命水户藩交还敕令。这是因为井伊直弼意识到："幕府如果直接命令水户藩交出敕令，水户藩的藩士可能会不听命令，甚至可能会和幕府发生流血冲突。幕府借助朝廷的权威让水户藩将敕令返还才是上策。"安政六年（1859年）二月六日酒井忠义回江户之际，朝廷让他将敕令带给水户藩，让水户藩将以前的敕令通过京都所司代或德川幕府返还朝廷。最终，德川幕府决定在处理了水户藩的藩主及家臣之后，再向水户藩传达朝廷的命令。安政六年八月，德川幕府处罚了水户藩的藩主及家臣。安政六年十二月，井伊直弼召集包括德川庆笃在内的所有大名开会，当众命令水户藩在三日之内将朝廷敕令交给幕府，再经幕府返还朝廷。安政六年十二月十六日，若年寄安藤信正到江户的水户藩官邸将朝廷的旨意拿给德川庆笃及其家臣看。之后，安藤信正说："尽快返还朝廷敕令，否则以抗旨罪论处。"德川庆

安藤信正

笃答复说:"水户藩将此事奏请朝廷之后返还敕令如何?"安藤信正一口回绝。德川庆笃说道:"现在,朝廷敕令不在江户的水户藩官邸,而在水户藩,我们必须说服留守在水户藩的藩士才能交回敕令,三天的时间是不够的,希望延期。"安藤信正只好允许德川庆笃在安政六年(1859年)十二月二十五日之前交回敕令。德川庆笃将留守在水户藩的两位老臣白井织部、肥田大助叫到江户,说:"幕府奉朝廷的命令让水户藩将敕令交回。如果违抗,我们水户藩的君臣还要受到严惩,有可能水户藩就保不住了。"然而,留守水户藩的很多家臣、藩士年轻气盛,坚决拒绝交回敕令。德川庆笃只好让人带着自己的手令到水户藩敦促老臣们赶紧交回敕令。老臣们答复说:"此事难度很大,再宽限几日。"德川庆笃向老臣们下达最后通牒,说:"如果还不尽快交回敕令,我亲自去取,半路若有敢阻拦者,必定严惩。"安政六年十二月二十二日,德川幕府又派人来催促德川庆笃,话语中带有恫吓的意思。然而,水户藩中反对德川幕府的一派态度越来越强硬。

第2节 聚集长冈驿闹事

在水户藩和德川幕府的关系日益紧张的情况下,水户藩内部分裂为保守派和被称作天狗党的激进派,这两派就是否交还朝廷敕令发生了激烈的争执。留守水户藩的老臣们属于保守派,主张听从德川幕府的命令交回敕令。而属于激进派的天狗党认为朝廷给水户藩下达敕令是水户藩的无上荣誉,这也是老主人德川齐昭所希望的,因此,天狗党坚决反对交回敕令。天狗党深知当权派老臣们不惜动用武力,也要从他们手中夺回敕令交给德川幕府,就屯兵于距离水户八千米的长冈驿,切断江户和水户藩之间的交通,誓死不交敕令。高桥多一郎就是天狗党屯兵长冈驿的主谋。藤田东湖对高桥多一郎的评价是:"以人事制天事。"

水户藩是御三家之一,名义上俸禄为三十五万石,但实际上仅有产量为七万石的荒地。因此,水户藩经常入不敷出,藩士生活困难。藩士的二儿子、

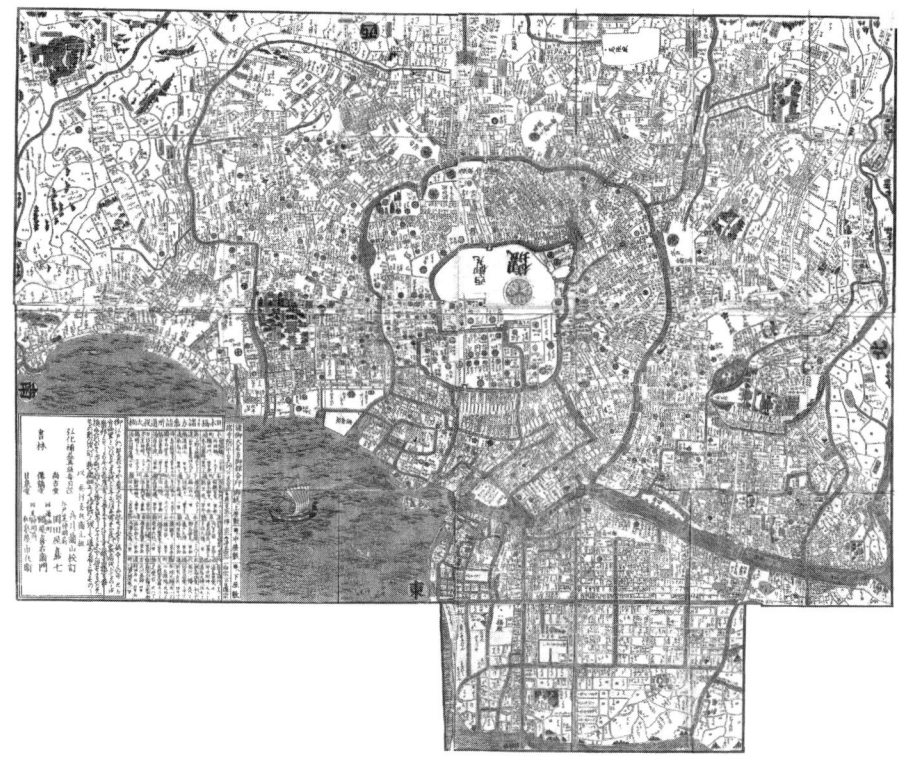

19世纪中期的江户

三儿子没有资格继承家业，无法施展政治抱负，对现状不满，深受尊王攘夷思想的影响，自称天狗党。这些藩士子弟曾纠集市井无赖两千余人到江户要求释放德川齐昭。德川幕府害怕事态扩大，没有出兵镇压，也没有处罚这些闹事者。因此，天狗党更加肆无忌惮，不再畏惧德川幕府。这次，天狗党为了拒绝交回敕令，于万延元年（1860年）正月纠集藩士子弟和市井无赖数百人到长冈驿闹事，阻断了江户和水户藩之间的交通。世人把这些人称作"长冈驿暴徒"。长冈驿暴徒中有的声称是奉德川齐昭的命令这样做的，对前来制止的幕府官员恶语相加，拒绝执行水户藩藩主德川庆笃的命令。长冈驿暴徒声称："即便因违抗幕府命令，水户藩被灭，也在所不惜，敕令比主家的命运更重要。"德川幕府规定的期限快到了，水户藩的老臣们派人到江户，向德川庆笃提出下述建议：

长冈驿暴徒聚集长冈驿，如果用武力驱逐，必然会发生流血冲突，后果不堪设想。然而，如果放任不管，以后藩主的命令没有人再听。暗中查访并逮捕领头人之后，再交回敕令是上策。不过，因时间紧迫，只能用武力护送敕令离开水户藩。在中途如有长冈驿暴徒拦路，就用武力驱散。我们希望藩主给出明确指示。

之后，水户藩的老臣们又派人前往江户，但这个人走到长冈驿被拦了回去。于是，这些老臣向被软禁的德川齐昭请示如何做。德川齐昭并未责怪长冈驿暴徒，而是劝这些老臣尽量避免和长冈驿暴徒发生冲突，否则对德川齐昭本人和德川庆笃都不利。老臣们意识到包括长冈驿暴徒在内的水户藩的一般士民都认为交回敕令是违背德川齐昭的本意的。因此，长冈驿暴徒没有人听从老臣们的劝说。于是，老臣们让德川齐昭写了一封信，信里说："接受朝廷敕令的是德川庆笃，我们夫妇没有参与此事。既然朝廷让交回敕令，就应奉命交回。"在老臣们的请求下，德川齐昭又写信给自己的心腹，说："拒绝交回敕令绝非我的本意。长冈驿暴徒聚众闹事是鲁莽的行为，有悖于纲常，殃及主家。"其实，德川齐昭并未唆使长冈驿暴徒对抗德川幕府和德川庆笃，而是高桥多一郎为了煽动长冈驿暴徒闹事，借用了德川齐昭的名义。这时，德川庆笃派人带亲笔信给水户藩的老臣们："如果拒绝交回敕令，难逃抗旨罪责，幕府也会更加怀疑德川齐昭。我希望老臣们要重视此事，切不可当作儿戏。"老臣们赶紧敦促在长冈驿闹事的人的父兄去长冈驿劝他们赶紧撤走。然而，长冈驿暴徒答复说："我们这样做不仅仅是为了水户藩，也是为了整个日本。因此，不达目的我们决不罢休。"长冈驿暴徒不仅白天严密盘查路人，而且一到夜间就在长冈驿周围点上篝火，加紧巡逻。此外，水户藩的藩士中也有长冈驿暴徒的内应。后来，德川幕府派来的原田氏、坂场氏两位使者被长冈驿暴徒扣留了。万延元年（1860年）正月三日，德川齐昭的两个侍臣和已经隐退的老臣大场一真斋劝说长冈驿暴徒释放了原田氏、坂场氏。原田氏、坂场氏向水户藩传达了安藤信正的命令："朝廷已经明确表示当年下达给水户藩的敕令是错误的，让幕府必须收回。幕府严令水户藩在万延元年（1860年）正月五日之前交回敕令。"同时，原田氏、坂场氏给水户藩的老臣们看了德川庆笃的亲笔信。

然而，长冈驿暴徒誓死阻止水户藩的老臣们将敕令交给德川幕府，领头人还威胁成员："如果中途有退出者，格杀勿论。"德川庆笃唯恐造成流血冲突，也不敢让老臣们武力驱逐长冈驿暴徒。于是，德川庆笃请示安藤信正如何处理。安藤信正在慎重思考之后指示："让水户藩的老臣们武装护送敕令离开水户藩，在中途如果有人阻拦，格杀勿论。不过，最好不要使用火枪。如果安全地将敕令交给幕府，幕府绝不会像坊间传说的那样处罚水户藩。"

水户藩的老臣们还是不愿意动用武力，企图劝说长冈驿暴徒撤走。长冈驿暴徒在长冈驿的空地上竖起了"大日本大至忠楠公招魂表"的木牌，表示要学习楠木正成为国尽忠。安藤信正见水户藩的老臣们还是迟疑不定，就给他们提了这样的建议："本来幕府不允许德川齐昭参与政治，因为这次事情特殊，你们可以让德川齐昭写亲笔信劝说长冈驿暴徒离开长冈驿。"水户藩的老臣们按照安藤信正的建议进行了尝试，结果以失败告终。在高桥多一郎等的唆使下，长冈驿暴徒对敌对的士人用私刑，还诬陷敌对的士人，甚者有人寻找机会暗杀水户藩的官员。万延元年二月十四日，德川庆笃再次派人送亲笔信给水户藩的老臣们，信中写道："一定要在万延元年二月二十五日或二十六日之前将敕令送出来，否则幕府要剥夺水户藩的部分领地。"事到如今，水户藩的老臣们只好决定动用武力驱逐长冈驿暴徒。德川齐昭又让人将自己的亲笔信送到长冈驿暴徒的手中，信上说："我最后再劝大家一次，尽快散去。否则，我就会任由水户藩的老臣们处置你们。"老臣们开始部署兵力，从三面包围长冈驿，切断长冈驿暴徒的退路，另外派了一队人马在水户城内外守卫。

然而，水户藩的士人都清楚德川齐昭本来不打算动用武力，水户藩的老臣们威望不高，发出的命令得不到认真执行。本来已经决定出兵镇压长冈驿暴徒，但老臣们还在争论不休，士兵迟迟没有出动。到了晚上，长冈驿暴徒四处侵扰百姓，搞得水户藩人心惶惶。当然，也有自告奋勇平叛的藩士，但手下的士卒都是雇佣兵，一听说打仗就作鸟兽散了。水户藩的老臣们再次召集藩士开会商议对策。在会上，与会者的意见出现了分歧，有人主张镇压长冈驿暴徒，有人却主张好言相劝让他们离开长冈驿。在交还敕令的问题上，以藤田东湖为首的天狗党又分成了两派：一派赞成交还敕令，主张镇压长冈驿暴徒；另一派是高桥多一郎等，暗中支持长冈驿暴徒，极力反对交还敕令。藩士们的意见不统一，德川齐昭也不愿采用镇压手段。不过，在老臣们的恳请下，德川齐昭还是下令按照德川庆笃的命令镇压长冈驿暴徒。然而，藩士们懒懒散散，不愿意执行命令。德川幕府不断从江户派人来催促："如果再不出兵镇压长冈驿暴徒，幕府就会收回水户藩。"藩士们意识到再拖延时间，水户藩没了，自己的饭碗也就没了，于是开始召集士卒前往长冈驿。

然而，反对交还朝廷敕令的不只是长冈驿暴徒，还有很多藩士。听到出兵镇压长冈驿暴徒的命令后，这些藩士都开小差了。天狗党中的一些人因为以前犯罪被命令闭门思过，而今也逃走了，有的人甚至打算进城刺杀水户藩官吏。万延元年（1860年）二月二十五日，前去镇压长冈驿暴徒的大场一真斋回来报告说暴徒们已经离开了长冈驿。然而，长冈驿暴徒到底去了哪里，谁也不知道，水户藩上下人心惶惶。因为长冈驿暴徒的去向不明，当时将朝廷敕令送出水户藩也不安全。有人主张恳请德川幕府让水户藩的老臣们直接将朝廷敕令护送入京。然而，德川幕府不允许这样做，严令水户藩的老臣们将朝廷敕令护送至江户。德川幕府和水户藩在交还朝廷敕令的问题上一直交涉，始终没有结果。万延元年三月三日，发生了令日本全国震惊的樱田门外之变。

第3节 具体经过

大场一真斋等出兵后，长冈驿暴徒撤出了长冈驿。之后，煽动长冈驿暴徒作乱的主谋高桥多一郎等开始策划新的阴谋。水户藩天狗党分裂为两派。高桥多一郎一派认为留在水户藩无法施展自己的政治抱负，只能进行内斗，结果会损耗水户藩的实力，没有任何好处。于是，高桥多一郎一派离开了水户藩，另寻他处。高桥多一郎等离开水户藩之后,分成两支:一支由高桥多一郎率领,到京都与萨摩藩、长州藩的藩士联手计划做一番大事;另一支为佐野竹之介等十八个人,打算暗杀德川幕府的大老井伊直弼。

万延元年(1860年)三月二日晚上,佐野竹之介等十八人在品川的青楼豪饮之后,登上爱宕山进行谋划:"三月三日是上巳节,在大老井伊直弼登城祝贺的途中下手。"接着,佐野竹之介一行前往樱田门。此时,天降大雪,北风呼啸。万延元年三月三日早上,井伊直弼乘轿出门,前往樱田门。佐野竹之介等十八人扮成拉车的、卖草鞋的、卖伞的,在樱田门附近等待井伊直弼的轿子路过。不久,五十余名士卒护卫着井伊直弼的坐轿来到樱田门。佐野竹之介

佐野竹之介

一伙的几个人扮作奴仆，迎着井伊直弼的坐轿走来，假装要拦路告状。井伊直弼的护卫日下部三郎右卫门上前查看情况时，被佐野竹之介的一个手下斩杀。护卫井伊直弼的士卒们大惊，纷纷逃命，只剩下河西忠左卫门良敬等两三个人护卫井伊直弼。这时，一声枪响，佐野竹之介的人从道路两旁冲出，与河西忠左卫门良敬等激战。佐野竹之介手下的其他人斩杀了坐轿前的护卫之后，打开轿门，将身穿礼服的井伊直弼拽了出来。这时，井伊直弼已经奄奄一息，佐野竹之介等又每人砍了一刀。有村次左卫门砍下井伊直弼的首级，高歌之后，向辰口逃去。佐野竹之介等其他人也都散去了。井伊直弼的护卫小河原秀之丞宗亲已经负伤，看到有村次左卫门拎着井伊直弼的首级逃走，忍痛追上去将其砍了一刀。这时和有村次左卫门一起的两个人斩杀了小河原秀之丞宗亲。有村次

樱田门外之变

有村次左卫门

左卫门疼痛难忍,抱着井伊直弼的首级在若年寄远藤氏的府邸前自杀了。井伊直弼的府上听到噩耗,派出五六十人前来救援时,只发现了一顶空轿。佐野竹之介负伤后不治而亡,其他人有的在争斗中当场毙命,有的自杀。活下来的人被捕后被处死。

高桥多一郎父子到了大阪后,意识到德川幕府侦探盘查得很严密,无法逃脱。万延元年(1860年)三月二十三日,高桥多一郎父子在大阪天王寺自杀。和高桥多一郎父子一起来的金子孙二郎等被萨摩藩官吏抓住之后交给了德川幕府。高桥多一郎等的计划也以失败告终。

井伊直弼遭人痛恨并非一日，他自己担心遭人报复，因此，他增加了人手在去处理公务和回家的路上保护自己。然而，佐野竹之介等计划周密，事出突然，尽管井伊直弼的护卫人数很多，但还是猝不及防。樱田门外之变发生后，德川幕府说服井伊直弼的家臣秘不发丧，将有村次左卫门丢下的井伊直弼的首级捡回来，称是藩士加田九郎太的首级。德川幕府派老中内藤信亲劝说井伊直弼的重臣不要找水户藩报仇。这时，彦根藩的藩士们接到井伊直弼被杀的噩耗后赶到了江户，这令江户的水户藩府邸十分紧张。江户的水户藩府邸加强了戒备，德川庆笃吓得不敢出门。佐野竹之介等十八人为了避免连累德川庆笃，在举事前宣布脱离藩籍。尽管如此，德川庆笃也难辞其咎。万延元年（1860年）闰三月，德川幕府为井伊直弼发丧，将其葬于豪德寺。有人说佐野竹之介等是在德川齐昭的指示下暗杀了井伊直弼。这一说法没有确凿的证据。水户藩的一两个重臣有可能参与了佐野竹之介等的计划，仅此而已。

第 16 章

幕府的外交与内政的矛盾

安政五年（1858年）六月十九日，大老井伊直弼做出决断，让井上清直、岩濑忠震两位全权代表在《日美修好通商条约》上签字。《日美修好通商条约》对日本的内政和外交产生了重大的影响，这导致日本人对外国的态度也发生了变化。

第1节 幕府与列强缔约及准备开放港口

日本与美国签订《日美修好通商条约》之后，于安政六年（1859年）七月十日在江户与俄国使节叶夫菲米·瓦西里耶维奇·普佳京签订了《日俄修好通商条约》。叶夫菲米·瓦西里耶维奇·普佳京拜谒了征夷大将军德川家茂之后，率领军舰离开了日本。

安政六年七月三日，三艘英国军舰来到下田。安政六年七月十八日，德川幕府派出永井尚志、井上清直、岩濑忠震等全权代表和英国使节第八代额尔金伯爵詹姆斯·布鲁斯在《日英修好通商条约》上签字，并于万延元年（1860年）六月十二日与其在江户交换了两国政府的条约批准件。《日英修好通商条约》的内容和《日美修好通商条约》基本一致。

安政六年七月十日，德川幕府派永井尚志、岩濑忠震作为全权代表与荷兰领事科尔丘斯签订了《日荷修好通商条约》，内容与《日英修好通商条约》大致相同，并于万延元年二月与其交换了两国政府的条约批准件。

让-巴蒂斯特·路易·葛罗

安政六年（1859年）八月十三日，法国使节让-巴蒂斯特·路易·葛罗率领三艘军舰来到日本的品川，登陆后下榻真福寺。安政六年九月三日，德川幕府派水野忠德、永井尚志等全权代表与让-巴蒂斯特·路易·葛罗签订了《日法修好通商条约》，内容与《日英修好通商条约》基本相同。

数年后，日本又与普鲁士、葡萄牙、瑞士签订了通商条约。不过，日本与美国、俄国、英国、法国、荷兰签订的通商条约对日本社会造成的影响最大。签订条约之前，日本把洋人当作奴仆和蛮夷。签订条约之后，因为日本的国际地位很低，列强对日本态度蛮横。日本人的自尊心很强，幕末以来攘夷学说非常盛行。

堀利熙

在与列强签订了通商条约之后，德川幕府需要做好开放港口的准备。安政六年（1859年）七月八日，德川幕府新设外国奉行一职，专门负责外交事务，由永井尚志、岩濑忠震、井上清直、堀利熙、水野忠德这五人负责。安政六年五月，德川幕府开放了神奈川港。为了避免与外国人发生冲突，德川幕府规定幕士、大名、藩士不得靠近外国人的居住区域。德川幕府与美国使节汤森·哈里斯进行了数次谈判，在汤森·哈里斯的恫吓下，德川幕府决定开放横滨港。为此，德川幕府花费巨资填埋了神奈川与横滨之间的沼泽地，修了长达四千米的道路。然后，德川幕府鼓励日本商人在横滨修建住宅和仓库租给外商使用。此外，德川幕府在横滨修建了埠头、海关及海关官员的宿舍。德川幕府命外国奉行轮流做神奈川奉行，加强了这里的管理。

第2节 对外贸易的开始及对日本经济的影响

安政六年五月二十八日，德川幕府下令开放横滨港、长崎港、箱馆港，允许日本人和美国人、俄国人、英国人、法国人、荷兰人通商。之后，德川幕府的公务陡然增多。安政六年（1859年）五月二十日，一艘美国商船载着美国商人来到下田，美国总领事也同船到达，要求作为公使常驻江户。接着，英国公使搭乘军舰来到品川，也要求常驻江户。德川幕府答应了他们的要求。之后，法国也派公使在江户常驻。俄国公使希望常驻箱馆，荷兰公使希望常驻出岛。美国公使和英国公使都主张本国的商人住在江户，德川幕府则主张让外国商人住在横滨。结果，英美两国的商人喜欢住在横滨，所以英美两国公使最终同意了德川幕府的建议。之后，德川幕府根据英美两国的要求，在神奈川开设了领事馆，但英美商人愿意住在横滨而不愿住在神奈川。后来，英国和美国都将领事馆从神奈川迁到了横滨。

  日本和列强签订条约，允许外国人与日本人通商。外国商人贪婪成性，来到日本后，为了追逐利润，瞄准了货币兑换业务。日本的黄金价格比外国便宜，外国商人从中套利，导致日本大量黄金外流。不仅如此，由于日本开展对外贸易，货物的供求关系发生了重大变化。德川幕府创立以来已经过了二百多年，在此期间，数千万日本人自给自足，商品供求平衡，不必从外国进口商品，也不必把商品卖给外国。然而，对外贸易开始之后，日本国内的供求关系发生了变化，生丝、茶叶、米、麦、铜等商品的出口导致日本物价上涨。有的日本商人趁机囤积居奇，更加剧了物价上涨。江户是消费型城市，物价飞涨，武士和普通市民深受其害。人们开始憎恨对外贸易，进而迁怒于德川幕府。

  因此，德川幕府开始和外国公使谈判在一定期限内限制商品的对外出口额。美国公使汤森·哈里斯对德川幕府所说的情况表示理解。而英国公使阿尔洛克只关心英国的权益，根本不听德川幕府的解释。另外，一直以来，德川幕府规定日本的商品在满足了征夷大将军、大名等特权阶层的需求之后，如果有剩余，才能作为一般的商品买卖。然而，日本和列强签订的通商条约并不认可日本的这一习惯。外商要求德川幕府允许其在长崎和箱馆自由地输出日本的一切商品。日本人把物价高涨、生活困苦归罪于外国人，导致杀伤外国人的事件不断发生。

第3节 杀伤外国人的事件频仍

武士阶层把外国人看作玷污神国的蛮夷,对外贸易开始之后,武士阶层对外国人更加不满。外国公使及其随员常驻江户之后,武士特别是浪人们敌视外国人的情绪不断高涨。英美两国的公使馆职员在江户的街上散步或者购物时经常受到武士及市井无赖的凌辱,有人还向英美人投掷石块。英美公使经常要求德川幕府惩治歹徒,却毫无效果。

万延元年(1860年)七月二十七日,俄国西伯利亚总督穆拉维耶夫为了勘定边界,率领十艘军舰停泊在江户湾。俄国的一个士官当夜带着随从在横滨登陆购物,在回到船上的途中,遭到佩戴双刀的数人袭击。俄国士官和水手被斩杀,厨子受重伤。在阿尔洛克的劝说下,穆拉维耶夫没有采取封锁江户湾、炮轰江户城的措施,而是要求德川幕府派高官到军舰上道歉,限时抓住歹徒抵命,并为受害人修纪念堂。德川幕府满足了这些条件后,穆拉维耶夫才离开日本。

杀伤俄国人的事情对英美公使冲击很大。英美公使要求德川幕府加强对武士的管理。法国驻横滨副领事的随员是一个中国人,安政六年(1859年)十月十一日傍晚,因为其穿着西服,被误认为是洋人,两个武士从背后连砍数刀,这位中国人受重伤后死亡。法国公使要求缉拿凶犯,幕府官吏却找不到凶犯,最后赔偿了三千法郎才了事。英国公使的翻译日本人传吉狐假虎威,无恶不作,有一天在东禅寺门口被两个武士斩杀。英国公使让德川幕府抓捕元凶并赔款后了事。之后,在各国公使的要求下,德川幕府不得不提高了赔偿受害人的金额,并加强江户和横滨之间的警力。尽管如此,德川幕府依然无法管控各藩国的藩士,效果不佳。

安政六年十二月,坊间传言水户藩的浪人纠集七百余人准备袭击江户的各国公使馆和横滨的外国人聚居区。德川幕府提醒各国公使加强戒备,提议将神奈川的各国领事馆迁至横滨,将江户的各国公使馆暂时集中在两之丸内的一个大院里。各国公使还没有做出答复。普鲁士使节奥伦伯格来江户要求德川幕府缔结条约，美国公使馆职员休康为奥伦伯格做翻译。在回去的路上，休康遭到水户藩浪人的袭击身亡。德川幕府将休康厚葬于光林寺，又给了休康的老母亲一万美元的抚恤金。经过这场变故，美国公使汤森·哈里斯和其他各国的公使商量之后决定接受德川幕府的提议。之后，没有发生坊间传言的七百余人袭击外国人的事情。

文久元年（1861年）正月，英国公使阿礼国爵士出差去香港，之后回到日本长崎。阿礼国爵士打算和荷兰公使戴维走陆路回江户。幕府官员和长崎奉行劝阻说："陆路太危险，不如走海路。"阿礼国爵士不听，从长崎到小仓走陆路，从下关乘日本船到达兵库。德川幕府担心阿礼国爵士和戴维去京都，就

阿礼国爵士

有贺半弥等刺杀阿礼国爵士

派外国奉行到兵库劝阻二人继续前行,并建议二人走经伊势到桑名的这条路。德川幕府通过这个办法避免触怒攘夷派。这样,阿礼国爵士沿着东海道走陆路,于文久元年(1861年)正月二十八日回到东禅寺。这时,水户藩的亡命之徒有贺半弥等十八人对阿礼国爵士沿着东海道走陆路十分愤慨,计划袭击阿礼国爵士下榻的东禅寺。文久元年正月二十三日,有贺半弥等前往神奈川。文久元年正月二十八日,有贺半弥等潜入东禅寺,准备晚上动手。本来德川幕府派了一百五十人负责保护阿礼国爵士的人身安全。然而,阿礼国爵士不让幕府的士卒靠近自己及职员的房间,幕府士卒只能在远处扎营守卫。因此,即便有人偷袭阿礼国爵士,幕府士卒也很难察觉。到了晚上,由于具体情况不明,有贺半弥等十几个人闯进了阿礼国爵士的旁边的房间行刺,新来的秘书劳伦斯·奥利福特和另一个随员乔治·莫里森身负重伤。阿礼国爵士的卫士及其他职员死伤十八人。有贺半弥一伙人中,一人受伤被活捉,三人战死,三人自杀，有贺半弥和其他人逃脱。有贺半弥一伙人签名的盟誓书落到了德川幕府手中，这份盟誓书的大意是：

> 我等要为神国日本除掉污秽的夷人，实现我主德川齐昭的凤愿，以报国恩，让天皇、将军高枕无忧。

这次事件之后，英法公使迁到神奈川，有事时才到江户的东禅寺暂住，只有美国公使依然留在江户的善福寺。德川幕府向受伤的劳伦斯·奥利福特和乔治·莫里森分别支付了一万美元的慰问金，这场风波才告结束。